아홉살 공부 멘토

이 도서의 국립중앙도서관 출판시도서목록(CIP)은 서지정보유통지원시스템 홈페이지(http://seoji.nl.go.kr)와 국가자료공동목록시스템(http://www.nl.go.kr/kolisnet)에서 이용하실 수 있습니다. (CIP제어번호:CIP2013011336)

초등학생을 위한
교과별 공부법으로 보는 인물 이야기

아홉살 공부 멘토

글 김진섭 | 그림 이욱재

북멘토

글쓴이의 말
위대한 사람들의 특별한 공부법

아주 오래전, 여러분만 했을 때는 어른들이 전부 거짓말쟁이 같았어.
"공부 열심히 해야 훌륭한 사람이 된다."
"공부를 해야 돈을 많이 벌고 편하게 살 수 있단다."
지금은 호호 할아버지, 할머니가 된 어머니와 아버지는 공부를 시킬 때마다 귀에 딱지가 앉을 정도로 말했지.
그런데 정작 그 말이 하나도 귀에 들어오지 않았어.
"아는 게 많다고 해서 다 훌륭한 사람은 아니야!"
마음속으로는 이렇게 대답을 했어.
사실 뭐 틀린 대답은 하나도 없어.
공부를 잘한다고 해서 훌륭한 사람이 되는 것도 아니고 부자가 되는 것도 아니지. 그렇게 생각하니 도대체 공부를 왜 해야 되는 건지 어떻게 해야 하는 건지 하나도 모르겠더라고.
나는 공부는 하지 않았지만 대신 책을 무척 좋아해서 많은 책을 읽었지. 동화뿐만 아니라 훌륭한 사람들이 쓴 자서전, 위인전 등을 많이 읽었어.
그런데 말이야. 위인전에 실린 사람들을 곰곰이 생각해 보니까 하나같이 공부를 많이 한 사람이더라.
자기 분야에서 성공한 위대한 사람들은 공통적으로 공부를 많이 했더구나. 각 분야에서 업적을 남기고, 죽은 뒤에도 오랫동안 사람들의 기억 속에 남아 있고, 세상 사람들이 살기 편하도록 만든 사람들은 모두 공부를 열심히 했더라고.

　공부라고 해서 요즘처럼 초등학교에서 대학원에 진학해 석사, 박사가 되는 그런 공부를 말하는 건 아니야.

　자기가 좋아하는 분야를 깊이 파고들고 그 결과로 세상 사람들을 살기 편하게 하고 즐겁게 하는 것도 공부지.

　그러니까 공부는 꼭 해야 하는 거였어.

　하기 싫고, 재미없고, 지겹고, 우리를 괴롭히는 공부, 어떻게 하면 잘할 수 있을까 생각했지.

　그래서 생각한 게 바로 위대한 사람들이 어떻게 공부했는지 알아보는 거였어. 세상 사람들을 편하게 하고 즐겁게 해 준 사람들이 공부한 방법을 알면 왜 공부해야 하는지, 어떻게 공부해야 하는지 알 수 있을 것 같았어.

　이 책에 실린 사람들은 모두 나름대로 자기 분야에서 열심히 공부한 사람들이지.

　최고가 된 사람들이니까 뭔가 특별한 공부법을 가지고 있을 거 아니겠어.

　왜 공부해야 하고, 무엇을 어떻게 공부해야 하는지 최고의 선생님이신 분들이 교과목별로 재미있고 즐겁게 알려줄 거야.

　자! 이제 책을 들고 읽기 시작해.

　　　　　　　　　　　　　　　　　　　　　　　　　　김진섭

추천의 말

한 알의 씨앗이 싹이 트듯

어린이들은 이야기 주인공과 자신을 동일시하는 마음이 강합니다.

특히 위인전은 그 인물이 살아 낸 삶이 극적일수록 어린이들이 더 큰 감화를 받을 수 있습니다. 어렸을 때 읽은 인물 이야기를, 자기 삶을 지키고 가꾸는 모범으로 담고 평생을 살아가기도 합니다. 이 때문에 어렸을 때 어떤 인물 이야기를 만나게 되는가는, 자기 마음에 어떤 씨앗을 심어 두는가와 비슷하다고 할 수 있습니다. 그 씨앗이 싹이 터서 한 사람의 인생을 더욱 의미 있게 가꾸고 지키는 데 힘이 되어 주는 경우가 많기 때문입니다.

이야기 속에 나오는 인물들은 어려운 형편 속에서도 도전과 끈기, 독서를 통한 깊은 사고와, 현실에 대한 끊임없는 관찰로 자신의 삶을 의미 있게 가꾸고 지켜 낸 사람들입니다.

이 책은 자신의 삶을 독특한 무늬로 살아 낸 인물의 삶에서 주제에 맞는 부분을 잘 골라 내용을 재구성하였고, 그 인물의 삶에서 무엇을 얻을 것인지를 알아챌 수 있는 핵심 문장을 정확하게 골라내서 보여 주고 있습니다. 그리고 이야기 끝에 연표를 실어서 살아온 흐름을 한눈에 살펴 볼 수 있도록 한 점도 좋습니다. 마지막으로 한 어린이가 한 가지 질문을 하고, 주인공이 답변을 하는 형식으로 질문과 답변을 구성해 놓았는데, 이야기를 읽고 나서 내면화 과정을 좀 더 자연스럽게 이끌어 주는 데 도움이 될 수 있습니다.

이주영
문학박사, 전 초등학교 교장, 현 어린이문화연대 대표

공부 멘토와 함께 나만의 공부법을 찾아보아요

공부의 왕도를 찾기 위해 우리는 여러 가지 노력을 하고 있습니다. 이번 시험에는 달달 외우는 공부법을 선택했다면, 다음 시험에는 빈 종이를 빼곡히 메우며 적는 공부법을 선택해 보기도 합니다. 공부 잘하는 옆자리 친구의 공부 방법을 슬쩍 따라해 보기도 하지만 '나에게 맞지 않아'라는 이유로 금방 포기해 버리기도 합니다.

나만의 공부 방법을 찾기란 쉽지가 않지요.

그런 의미에서 이 책은 나에게 어울리는공부법을 몰라 혼란을 겪고 있는 어린이들에게 좋은 길잡이 역할을 해 줍니다. 여러 위인들이 자신만의 공부법을 자세하게 설명하며 우리도 한번 시도해 볼 수 있게 하니까요. 무엇보다 각 분야의 전문가인 공부 멘토들이 들려주는 과목별 맞춤 공부 방법은 '나도 할 수 있다!'라는 자신감을 불어넣어 줍니다.

공부 방법을 아는 것과 모르는 것은 큰 차이가 있습니다. 공부 방법을 아는 친구들은 여유를 가지고 차근차근 성공의 계단을 밟아 오르지만, 공부 방법을 모르는 친구들은 시작하기도 전에 우왕좌왕 갈피를 잡지 못하지요. 얼마간의 시행착오는 우리에게 도움이 되기도 하지만 너무 많은 시행착오는 우리에게 실패와 좌절을 안겨 줍니다. 공부하기 싫어서가 아니라 공부 방법을 몰라서 '포기'를 선택한다면 그건 너무 안타까운 일이에요. 『아홉 살 공부 멘토』는 실패와 좌절을 맛보았을 우리에게 희망을 보여 줍니다.

황미라
광숭초등학교 교사, 어린이책 작가

차례

글쓴이의 말 • 4
추천의 말 • 6

국어를 잘하고 싶다면
주시경처럼! • 10

수학을 잘하고 싶다면
폴 에어디쉬처럼! • 36

사회를 잘하고 싶다면
벤자민 프랭클린처럼! • 64

과학을 잘하고 싶다면
마리 퀴리처럼! · 90

음악을 잘하고 싶다면
윤이상처럼! · 116

체육을 잘하고 싶다면
펠레처럼! · 142

예술을 잘하고 싶다면
백남준처럼! · 168

국어를 잘하고 싶다면 주시경처럼!

"말과 글이 거칠면 그 나라 사람의 뜻과 일이 다 거칠어지고, 말과 글이 다스려지면 그 나라 사람의 뜻과 일도 다스려진다."

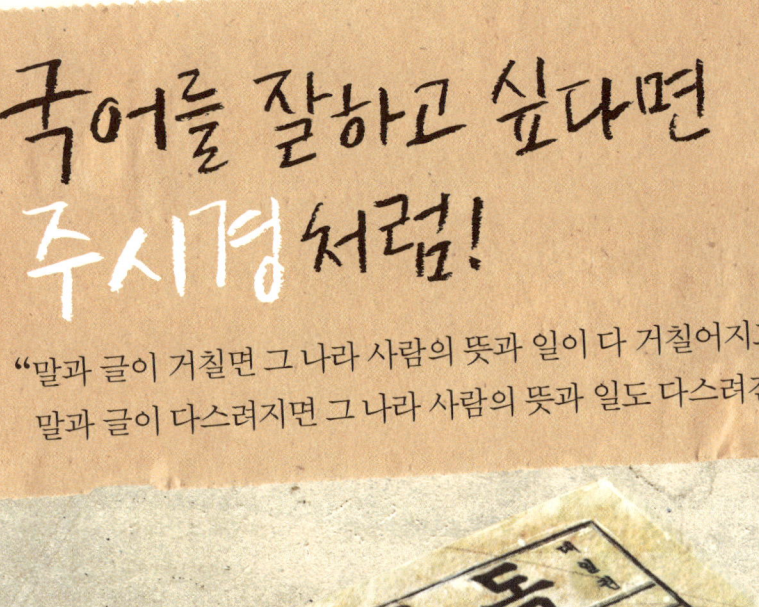

국어, 우리말, 훈민정음.

참 소중한 말이고 글이야. 하지만 우리 국어를 공부하기가 어렵다고? 수업 시간이 따분하고 받아쓰기 시험에서 만날 틀려서 혼이 난다고?

국어를 공부하지 않아도 말을 하는 데, 생각을 다른 사람에게 전하는 데 전혀 어려움이 없잖아? 그런데 왜 국어 공부를 하는 걸까?

그건 아무래도 나라에서, 아니 세종대왕이 굳이 한글을 만든 데에는 우리들을 괴롭히려는 음모가 숨어 있는 것 같아!

받아쓰기를 못해서 선생님께 혼나고, 집에 돌아오면 엄마에게 또 혼이 나게 만들었잖아!

만약 그렇다면 괴롭히려는 음모를 꾸민 사람은 세종대왕 말고도 한 사람이 더 있는 것 같아. 바로 주시경 선생님이야.

주시경은 한글 맞춤법이라는 것을 만들어 모든 사람이 우리글을 똑같이 쓰도록 한 사람이야.

받아쓰기에서 가장 많이 틀리는 것이 뭐지? 바로 맞춤법 아니야?

소리 나는 대로 쓴다면 받아쓰기에서 틀릴 리가 없잖아.

그런데 맞춤법을 왜 만들었을까?

그건 바로, 같은 소리인데 다른 뜻을 담은 말이 있기 때문이야. 그걸 구분하기 위해서는 맞춤법이 있어야 하지. 또 맞춤법을 지켜서 글을 쓰면, 어디에서나 똑같은 말이 다른 뜻으로 읽힐 것을 걱정하지 않아도 되는 거야.

한글은 세계에서 가장 과학적이고 가장 훌륭한 문자야. 문자로는 유일하게 유네스코 기록유산으로 지정되었지.

'백성들이 쉽게 익혀 편하게 사용하길 바란다'고 했던 세종대왕이 세계에서 가장 자랑스러운 문화유산을 남겨 주신 거야. 우리는 그걸 잘 발전시켜야 하겠지.

그러기 위해서는 국어 공부를 열심히 해야 해.

어려운 국어 공부!

맞춤법을 만든 주시경 선생님처럼 국어 공부를 해 보면 어떨까?

한글 맞춤법을 처음으로 만들어 똑같이 쓰도록 한 사람이니, 주시경처럼 국어 공부를 하면 국어의 왕이 될 수 있을 거야.

왜 어려운 한자로 공부해야 하나?

주시경은 어릴 때 서당에 다녔어. 그때는 아직 학교가 만들어지기 전이었어. 고종이 나라를 다스리고 있었고 이웃인 일본과 중국, 러시아가 호시탐탐 우리나라를 집어삼키려고 노리고 있었지.

미국이나 프랑스도 틈만 나면 우리나라를 침략해서 식민지로 삼으려고 하거나 적어도 경제적인 이익을 얻으려고 노력하고 있었어. 그래서 총칼을 앞세운 군함과 큰 상선을 보내기도 했어.

고요한 아침의 나라에 서양 문물이 조금씩 들어오면서 한창 소란스러운 때였지.

주시경은 서울에 있는 이 진사의 집에서 한문을 배우고 있었어. 한문을 배워야만 과거를 칠 수 있었고 과거에 합격을 해야 나라의 높은 관리가 될 수 있었거든.

"자 왈, 학이시습지 불역열호(子曰, 學而時習之 不亦說乎)아!"

그날도 이 진사의 집 사랑채에서는 아이들이 모여들어 개구리처럼 와글와글 글을 읽고 있었어. 중국의 공자라는 성인이 남긴 말을 엮은 『논어』라는 책이었어. 온통 한문으로 된 책이지.

"자! 방금 읽은 이 글이 무슨 뜻인지 말해 보아라! 누가 하겠느냐?"

이 진사는 기다란 수염을 왼손으로 쓰다듬으면서 오른손으로는 책장을 가리켰어.

"스승님, 제가 하겠습니다."

맨 뒤에 앉은 아이가 번쩍 손을 들었어. 바로 주시경이야.

"오냐! 시경이가 한번 그 뜻을 말해 보아라!"

이 진사가 빙그레 웃었어.

시경은 허리를 곧추세우며 책을 들여다보고 나서 고개를 들고 또록또록한 목소리로 말했어.

"공자께서 말씀하시기를, 배우고 때로 익히면 즐겁지 아니한가! 이 말은 즉 학문을 배우는 것은 매우 즐거운 일이라는 말씀……."

시경은 줄줄 설명을 하다가 갑자기 말을 멈추었어. 이 진사가 무슨 일이냐는 듯 물끄러미 시경을 바라보았어.

"시경아! 왜 그러느냐?"

책에 눈을 박고 있던 아이들도 모두 고개를 돌려 시경을 바라보았지.

깊은 생각에 잠깐 빠져들었던 시경이 고개를 들었어.

"어, 어, 그게……. 흠, 흠."

궁금증이 가득 담긴 이 진사와 친구들의 눈길이 부담스러운 듯 시경이 나지막이 기침을 하고 나서 말을 이었어.

"한 가지 이해가 되지 않는 일이 있어서 그렇습니다."

진사가 고개를 갸웃거리면서 시경을 빤히 바라보았어.

"너는 이미 논어를 몇 번이나 공부하지 않았느냐? 그런데 이렇게 쉬운 글을 아직 모른다는 말이냐?"

"스승님, 이 글의 뜻을 모르는 게 아닙니다."

시경은 다소곳이 말을 이었어.

"왜 책은 전부 한자로 되어 있는 것일까요? 쉬운 우리글로 쓰면 누구나 편하게 읽을 수 있을 텐데요?"

"우리글이라니?"

진사가 어리둥절한 표정으로 물었어.

"우리말을 그대로 나타낼 수 있고 배우기도 쉬운 훈민정음으로 책을 만든다면 누구나 쉽게 읽을 수 있을 텐데 말입니다."

아이들이 술렁댔어.

"훈민정음이 뭐야?"

"그 언문 있잖아. 여자들이나 노비들이 쓰는 글!"

"에이, 그런 게 무슨 글이라고……."

아이들이 입을 삐죽거리며 시경을 흘끔거렸어.

진사도 고개를 절레절레 흔들었어.

"그런 말도 안 되는 생각을 하느라 시간 낭비하지 말고 읽던 글이나 마저 읽어라!"

시경은 도무지 이해되지 않았어.

'말은 우리말을 쓰면서 왜 글은 우리글을 쓰지 않는 걸까?'

가만히 생각해 보니 한자로 된 책들은 모두 읽기가 어려웠어. 그 책들을 읽기 위해서는 오랫동안 한자를 배워야 했어. 또 한자를 배운 사람도 책 내용을 우리말로 옮겨 이해하는 데 어려움이 많았거든.

그래서 같은 한자로 된 글이라도 읽는 사람에 따라서 다르게 해석되기도 했어. 때로는 그것 때문에 싸움이 일어나기도 했지.

시경은 골똘하게 생각하느라 진사가 하는 말을 미처 듣지 못했어.

옆자리에 앉은 친구가 옆구리를 쿡 찌르는 바람에 정신이 번쩍 들었지.

"왜?"

친구를 돌아보자 친구는 눈을 끔뻑거리면서 턱으로 진사 쪽을 가리켰어.

"시경아! 아직도 그 생각이냐?"

진사가 빙긋 웃으면서 말했어.

"네, 스승님. 죄송합니다. 하지만 아무리 생각해도 알 수가 없어서요."

"그래, 그렇다면 얘기를 해 주마! 글이란 어렵게 공부할수록 좋은 거란다."

"어째서 그렇습니까? 누구나 쉽고 편하게 쓸 수 있는 것이 좋은 것 아닙니까?"

진사가 고개를 가로저었어.

"글은 선비들만 해야 하는 거야. 평민이나 상인 들은 그저 편지나 쓰고 계산을 할 수 있을 정도로만 글을 익히면 되는 거야. 천민들은 더더구나 글을 익혀서는 안 된다."

"어째서 그렇습니까?"

"천한 백성이 글을 익혀서 똑똑해지면 무엇이 되겠느냐? 결국 역적 질밖에 더 하겠느냐? 자고로 천한 백성이 글을 익혀서 좋은 일이 하나도 없었다. 관청에서 하는 일에 사사건건 고소장을 내거나 간섭을 해 대기 일쑤지. 다스림을 받아야 할 백성이 글을 익히면 좋을 게 하나도 없느니라. 글은 백성을 다스리는 선비들만 익히면 되는 게야."

"그게 어째서……."

시경은 곧 입을 다물어 버렸어.

진사가 무서운 표정으로 바라보고 있었기 때문이야.

"이제 쓸데없는 잡생각일랑 그만하고 글이나 열심히 익히도록 해라. 알았느냐?"

시경은 진사의 말을 도무지 이해할 수 없었어. 하지만 진사의 낯빛이 어둡고 너무 무서웠기 때문에 고개를 숙일 수밖에 없었어.

"네, 스승님."

영어를 배우며 한글을 생각하다

'우리글이 있는데도 중국 글로 책을 읽어야 한다는 건 도저히 이해할 수 없어. 유럽이나 미국에서는 한자로 글을 읽지 않는데도 과학기

술이 우리보다 훨씬 더 발달하지 않았나.'

시경은 오랫동안 생각을 거듭했어.

그때는 외국의 선교사들이 들어와 우리나라에 학교를 세우던 시기였어. 수백 년 동안 중국 이외의 나라에 관심이 없었던 우리나라도 발달된 서양의 과학 문명이 하나씩 들어오자 깜짝깜짝 놀라던 때였지.

시경이 살던 곳에서 가까운 곳에 미국인 선교사인 아펜젤러가 세운 배재학당이 있었어.

외국인 선교사가 세운 근대적인 이 학교에서는 당연히 외국의 학문을 가르치고 있었지. 그때 우리나라 사람들은 외국의 학문을 신학문이라고 했어. 공자 왈, 맹자 왈…… 어려운 한자로 된 사서오경을 읽고 그 철학적 깊이를 탐구하는 것만이 학문이라고 생각해 왔던 우리나라 선비들에게 전기를 일으키고 자동차를 움직이게 하는 과학, 수학 등은 새로운 학문이었지.

"잘 왔네. 젊은이. 자네 같은 친구들이 많이 신학문을 배워야 나라가 부강해지고 호시탐탐 우리 땅을 노리는 외국 세력들 틈바구니에서 나라를 지킬 수 있는 거야."

시경보다 앞서 외국으로 유학을 갔다 온 배재학당의 우리나라 선생님들은 시경을 반갑게 맞아 주었어.

"고맙습니다. 선생님!"

시경은 곧 배재학당에서 신학문을 배우기 시작했어.

수학, 지리, 과학 과목은 서당에서 절대로 배울 수 없는 학문들이었지. 하루하루가 즐겁고 신이 났어. 그중에서도 외국 글인 영어를 배우는 시간이면 시경의 눈은 더욱 초롱초롱 빛났어.

'외국도 다 제 나라의 말에 맞는 제 나라의 글을 쓰는데 우리는 왜 우리말에 맞는 우리글을 두고 어려운 한자를 써야 하는 걸까?

우리도 우리글을 써야 공부하기도 쉽고 생활에서 쓰기도 쉬워 백성들이 모두 똑똑해질 수 있는 거야.'

시경은 신학문 중에서도 영어를 특히 열심히 공부했어.

그러던 어느 날이었어. 마침 영문법 시간이라 선생님이 열심히 설명을 하고 있었어.

"영어는 모두 스물여섯 자로 되어 있다네. 이 글자들은 자음과 모음으로 되어 있어서 서로 조화를 이루면 우리가 하는 말을 문자로 나타낼 수 있어. 자, 에이는 모음으로 아와 같은 발음이 나고 엔은 자음으로 우리말의 니은과 같은 발음이 나지. 그래서 엔과 에이를 합하면

'나'라는 발음이 나는 거야. 무슨 말인지 알아듣겠지?"

선생님이 자음과 모음에 대해서 설명을 하던 중이었어.

퍼뜩 시경의 머릿속이 반짝 빛났어.

'어, 우리글도 자음과 모음으로 되어 있잖아. 기역, 니은과 같은 것은 자음이고 아, 야, 어, 여는 모음이잖아. 이 두 글자가 합쳐져서 하나의 글자가 되고. 영어의 문법이랑 우리글의 문법은 비슷한 곳이 참 많아.'

시경은 생각에 잠겨 들었어. 앞에서 열심히 설명하고 있는 영어 선생님의 목소리가 까마득히 사라져 버리고 온통 우리글에 대한 생각뿐이었지.

'그런데 왜 우리글을 그동안 쓰지 않았을까? 그건 아무래도 우리글

을 너무 천하게 생각했기 때문이야. 여성들과 하층민이 쓰는 글이라고 선비들이 쓰지 않았지.'

시경은 점점 더 생각에 빠져들었어. '유럽의 과학 문명이 발전한 까닭이 어디에 있을까?' 하는 데 생각이 미치자 우리글이 더욱 소중하게 여겨졌어.

'유럽의 과학 문명이 발달할 수 있었던 건 누구나 글을 쉽게 익혀서 써 왔기 때문이야. 가난한 농민이나 장인 들이 새로운 물건을 만들고 그 과정을 글로 써서 누구나 쉽게 그 물건을 만들 수 있었기 때문이지. 그러면 뒷사람은 점차 그걸 좀 더 편리하게 바꾸고……. 그래, 글은 조상들이 얻은 지식을 뒷사람에게 남기는 방법이야.'

한자로 쓰인 몇 백 년 전의 책을 읽고 거기에 한자로 해석을 달고 또 후대의 선비들이 그 책을 읽기만 하는 것보다 생활에 밀접한 발전이 유럽에는 있었던 거였어.

"그래!"

시경은 알지 못하는 사이에 불쑥 소리를 치고 말았어. 그리고 퍼뜩 정신이 들었지.

사방을 휘 돌아보자 칠판 앞에서는 영어 선생님이 놀란 표정으로 시경을 바라보고 있었고 다른 친구들도 시경을 쳐다보고 있었어.

"시경이가 깨달음을 얻은 모양이구나! 그래, 무얼 깨달았기에 그리 큰 소리를 쳤느냐?"

시경이가 몸 둘 바를 몰라 하며 안절부절못하고 있자 선생님이 빙그레 웃으며 물었어.

"죄송합니다. 선생님. 영어를 배우면서 우리글과 참 비슷하다는 생각을 하던 참이었습니다."

"우리글과 비슷하다는 게 무슨 말이냐?"

"우리글도 자음과 모음으로 되어 있고 자음과 모음을 합쳐서 우리말을 쓸 수 있지 않습니까?"

선생님은 아리송한 표정으로 시경을 바라보았어.

"영어는 소리글이지만 한자는 뜻글이라 전혀 다른데, 무슨 말을 하고 있는 거지?"

선생님도 한자를 배운 선비 집안 사람이었어. 그래서 훈민정음을 알고 쓸 수는 있지만 글이라고 생각한 적이 한 번도 없었던 거지. 그래서 시경이 한자를 말하는 걸로 생각한 거였어.

"선생님, 우리글은 한자가 아닙니다. 세종대왕이 만드신 훈민정음이 바로 우리글입니다."

선생님은 잠깐 멍한 표정을 짓다가 곧 고개를 끄덕였어.

"그렇구나! 그걸 여태껏 생각해 본 적이 없었구나! 그래 언문이 있었지. 언문은 글자를 만드는 방법이 영어와 비슷하구나! 하지만 아무도 쓰지 않으니 우리글이 있어도 있는 줄 몰랐던 거야!"

"아무도 쓰지 않은 것은 아닙니다. 선생님도 우리도, 부잣집 하인도, 산골에 살고 있는 농부도 모두 우리글을 쓰고 있지만 지금까지 글이라고 생각하지 않았을 뿐입니다."

"그런데 왜 우리글을 두고 한자를 쓰고 있을까?"

선생님이 빙그레 웃으며 물었어. 아마도 시경의 생각을 듣고 싶은 모양이었어.

"그건 아무래도 그동안 우리글을 낮추어 보면서 문법이나 쓰임에 대한 연구가 전혀 없었기 때문이라고 생각합니다. 배우기 힘들고, 배워도 쓰기 힘든 한자 대신에 지금부터라도 우리나라 사람들이 모두 우리글을 쓰도록 알리고 문법을 연구할 필요가 있다고 생각합니다."

영어 선생님이 고개를 끄덕였어.

"그거 옳은 생각이다. 요즘 지석영 선생님이 언문을 연구하고 있다더구나! 너처럼 생각하는 젊은이가 많이 나와서 우리글을 발전시키고 널리 쓸 수 있도록 연구하면 좋겠다!"

선생님이 활짝 웃었어. 물론 시경도 선생님을 따라 활짝 웃었지.

맞춤법을 통일하다

시경이 우리글 연구를 시작한 그때 하필이면 장사를 하던 집안이 쫄딱 망하고 말았어. 학교를 계속 다니려면 시경이 돈을 벌어야 했지.

'기왕이면 우리글을 연구하면서 돈을 벌 수 있는 곳을 알아보자.'

시경은 이곳저곳 일할 수 있는 곳을 알아보러 다녔지. 그런데 마침 배재학당의 선생님이 시경을 불렀어.

"시경아! 인쇄소에서 사람을 구하고 있는데 네가 일해 보지 않으련?"

시경이 바라던 일자리였지. 일을 하면서 돈을 벌고 또한 인쇄소에서는 우리글로 책을 만들어 찍으니까 우리글 연구도 함께 할 수 있는 곳이었거든.

"네, 선생님. 고맙습니다."

시경은 당장 다음 날부터 낮에는 학교에서 신학문을 배우고 밤에는 인쇄소에 나가 일을 했어. 그렇게 몇 달이 지난 어느 날 양복을 입고 머리를 짧게 깎은 신사가 찾아왔어.

"시경 군! 나는 서재필이라는 사람이네. 내가 우리나라 백성들이라면 누구나 읽고 소식을 알 수 있도록 언문으로 된 신문을 만들려고 하네. 인쇄소에서 들으니 자네가 우리글을 아주 잘 알고 있다더군. 어떤가? 우리와 일해 보는 것이?"

우리글을 쓰는 신문이라니 스스로 그 일자리를 달라고 하지는 못할지언정 시경이 간절하게 바라던 일이었지.

"네, 선생님. 정말 고맙습니다. 열심히 일하겠습니다."

시경은 고개를 주억거리면서 대답했어.

"오히려 내가 고맙네. 우리 신문사에서 자네 같은 사람이 일해 준다면 얼마나 멋진 신문이 되겠나."

서재필은 활짝 웃으면서 시경의 손을 맞잡았어.

시경은 일이 하나 더 늘었어. 학교가 끝나고 나면 인쇄소로, 인쇄소 일을 마치고 나면 다시 독립신문을 만들어 가야 했어.

'이런, 이래서야 어떻게 알아볼 수 있을까? 같은 말을 쓴 건데도 맞춤법이 제각각 다르니까 서로 다른 글 같잖아.'

독립신문을 보고 있던 시경은 혀를 끌끌 찼어. 같은 말인데도 서로 다르게 표기되어 있는 기사를 보았거든.

'그래, 우리글을 널리 편하게 쓰게 하기 위해서는
같은 말은 누구나 똑같이 쓰도록
맞춤법이 통일되어야 하겠어.'

시경은 인쇄소 직원들과 독립신문의 회원들이 같이 밥을 먹는 자리에서 말을 꺼냈어.

"우리글로 쓴 신문에 같은 말이 서로 다르게 쓰여 있어서야 어디 잘 알아볼 수 있겠어요? 내 생각에는 맞춤법을 통일해야 할 것 같은데 우리글 연구 모임을 만들어 맞춤법 통일안을 만들어 보는 것이 어떻겠습니까?"

"그거 좋은 생각이오."

마침 다른 회원들도 비슷한 생각을 하고 있었어. 하지만 누구도 그 일을 앞장서서 해낼 엄두가 나지 않았던 참이었어.

"그럼 연구 모임 이름을 국문동식회라고 하면 어떻겠습니까? 우리글의 맞춤법을 연구하는 모임이라는 뜻이지요."

"좋아요. 좋아!"

모두들 손뼉을 쳤어. 시경은 그날부터 모임을 이끌었어. 학교를 마치고 인쇄소 일을 끝내고 신문사 일까지 끝낸 뒤에도 밤늦게까지 회원들과 함께 맞춤법을 어떻게 똑같이 할 것인지 연구했어.

그러던 어느 날, 시경의 집에 일본 경찰이 찾아왔어.

"당신이 독립신문을 만드는 주시경이란 사람이오?"

일본 경찰은 딱딱거리며 을러댔어.

"그렇소! 내가 바로 주시경이오."

잘못한 것이 없는 시경은 당당하게 일본 경찰을 대했어.

"조사할 것이 있으니 같이 갑시다."

일본 경찰은 다짜고짜 시경을 끌고 가서 유치장에 처넣었어.

"내가 무슨 잘못을 했다고 이러는 것이오?"

"당신이 독립협회에 가입해서 반역을 꾸민 증거가 여기 있어. 그러니 딴소리하지 마라."

"나라를 위해 일한 것이 무슨 반역이란 말이오?"

"닥쳐라!"

일본 경찰은 주시경을 감옥에 가두었어.

감옥 안에서는 할 일이 없었어.

"차라리 잘되었구나. 조용하게 우리글 연구에 정성을 쏟아야겠다."

시경은 감옥 안에서 우리글을 공부하고 연구하는 데 온 정신을 기울였어.

"공부하면 할수록 대단한 글이야.
영어보다 훨씬 뛰어난 글을 우리는 그동안
언문이라고 천대하면서 살았어.
빛나는 보석을 바로 눈앞에 두고도 모르고 있었으니
돼지와 다를 바 없구나!"

시경은 다행히 곧 죄가 없음이 밝혀져 감옥에서 풀려나왔어. 하지만 일본 경찰은 언제나 시경을 따라다니며 감시했지. 그러다가 무슨 일이라도 생기면 시경을 잡아넣을 모양이었어.

일본 경찰이 사사건건 간섭을 하고 감시를 해 대니 우리글 연구도 제대로 하기 힘들었지.

"이렇게 있느니 차라리 조용한 곳에 가서 우리글 연구에 몰두해야겠다."

시경은 곧바로 고향인 황해도 봉산에 있는 누나 집으로 갔어. 그곳에서 삼 개월을 보내는 동안 드디어 우리말 맞춤법을 완성하고 문법에 관한 책을 썼지.

이 책은 곧바로 인쇄되어 나오지 못하고 나중에야 『대한국어문법』이라는 제목을 달고 세상에 나올 수 있었어.

책을 다 쓰고 난 뒤에 시경은 오랫동안 깊은 생각에 잠겼어.

'이렇게 과학적이고 훌륭한 우리글에 이름이 없구나. 기껏 훈민정음이라는 한자로 된 이름과, 언문이라는 천대받는 이름밖에……. 우리글에 새로운 이름을 달아 주어야겠다.'

시경은 밤낮으로 생각을 거듭했

어. 그러던 어느 날 멋진 생각이 확 떠올랐어.

'그래, 한글이라고 하면 어떨까? 우리는 한민족이니 한민족 나라의 글이라는 뜻으로 한글이라고 쓰면 되겠구나! 더군다나 순 우리말로 한이라는 말에는 크다는 뜻이 담겨 있으니, 한민족의 글, 세상을 모두 품에 안은 큰 글이라는 뜻도 되겠다.'

시경이 한글 문법책 원고를 완성하고 나서 얼마 지나지 않아 일본 경찰들이 우리나라 말을 뜻하는 한자어인 '국문'이라는 말을 못 쓰게 했어. 그러자 시경이 만든 '한글'이라는 말이 국문을 대신하여 널리 퍼져 나갔어.

그렇게 해서 오늘날 우리 모두가 자랑스러운 우리글, 한글을 편하고 쉽게 쓸 수 있게 된 거야. 세종대왕이 한글을 만들고 주시경 선생이 한글을 발전시킨 거지. 만일 그렇지 않았다면 아직까지 우리는 어려운 한자어로 된 책을 읽기 위해 머리를 싸매고 있을지도 몰라.

주시경 선생님이 우리를 괴롭히려고 한글 맞춤법을 만든 게 아니란 걸 알겠지?

그러니 국어 공부 좀 열심히 해야 되지 않겠어?

주시경
1876년 12월 22일 ~ 1914년 7월 27일

1876 황해도 봉산군에서 아버지 주면석 씨와 어머니 전주 이씨 사이의 둘째 아들로 태어났다.

1892 서당에서 공부를 하다가 어려운 한자어로 책을 읽어야 하는 데 의문을 품고 우리글의 필요성을 깨달아 우리글 공부를 시작했다.

1896 결혼을 한 뒤 배재학당에 다시 입학해서 우리글을 연구하며 독립신문 일을 시작했다.

1898 만민공동회 일로 일본 순사에게 잡혀 감옥에 갔다. 감옥에서도 우리글 공부를 하다가 석방된 뒤 황해도 봉산으로 가서 문법 연구를 계속했다.

1906 우리나라 최초의 한글 문법책인 『대한국어문법』을 펴냈다.

1907 〈국문연구소〉의 수석 연구원이 되었다. 중국의 학자 양계초가 준 『월남망국사』를 우리말로 번역해서 펴냈다.

1908 『국어문전음학』, 『한자초습』, 『국문초학』이라는 우리말 연구서들을 펴냈다.

1910 국어의 기초가 되는 『국어문법』 책을 펴냈다. 조선광문회에서 국어사전을 만들기 위해 연구를 계속했다.

1914 일본 순사의 눈을 피해 외국으로 가서 우리말 연구를 계속하려고 계획하던 중 갑자기 숨을 거뒀다.

주시경 선생님,
한글이 유네스코 세계문화유산으로 지정되었지요.
지정된 까닭이 무엇인가요? 그리고 한글이 가장 과학적인
글자라고 하던데 어떻게 과학적인지 알려 주세요.

　정확하게는 한글이 아니라 한글을 창제하는 과정이 담겨 있는 『훈민정음』이라는 책자가 유네스코 세계 기록문화유산으로 지정된 거야.
　이 책은 흔히 『해례본 훈민정음』이라고도 불리고 있는데, 한글을 만든 원리와 문자를 사용하는 방법을 설명해 두고 있어. 이 책 덕분에 한글을 만든 사람, 만든 시기, 만든 원리를 정확하게 알 수 있게 되었지. 또 한글 원리의 과학성을 인정해서 유네스코에서는 훈민정음을 세계기록문화유산으로 지정한 거였어.
　자, 그렇다면 한글은 어떤 점이 과학적일까?
　한글은 일정한 원리에 따라서 만들어진 세계에서 하나뿐인 문자야. 한글은 음성기관의 소리 나는 모습에 따라 체계적으로 만들어진 과학적 문자일 뿐만 아니라 더 나아가 소리의 특질을 반영하고 있어. ㄱ이나 ㄴ이 혀가 입천장에 닿는 모습을 본떠 만들었다는 것만 봐도 알 수 있지.
　여기에 한글은 한 글자가 한 음을 정확하게 나타내므로 더 과학적이라는 거지. 영어나 다른 외국 문자들은 같은 음이라도 여러 개의 글자로 나타낼 수가 있기 때문에 글자를 사용하는 데 어려움이 많거든.
　요즘 같은 컴퓨터 시대가 되면서 한글의 과학성은 더욱더 빛을 발하고 있어. 컴퓨터에서 쓰는 자판 알지? 그 자판을 쓸 때 외국 문자들은 한 낱말을 쓰기 위해 자판을 한 손으로 몇 번씩 두드려야 하는 일도 있어. 하지만 우리 글자는 그렇지 않아. 왼손으로는 자음, 오른손으로는 모음, 이렇게 두 번이나 세 번만 두드리면 한 글자를 완성할 수가 있어.
　생각해 봐, 세종대왕께서 우리들에게 얼마나 과학적이고 멋진 선물을 주었는지! 그러니까 국어 공부 열심히 하자!

주시경 식의 '국어' 공부법

많이 읽자!

국어 공부의 가장 기본이 되는 것은 많이 읽는 거야. 동화든 만화든, 책을 많이 읽는 것이 가장 좋아.

동화책이나 만화책은 재미있기 때문에 많이 읽었다고? 그렇다면 이번에는 조금 재미없고 어려운 책을 읽어 보는 것은 어떨까? 인물 이야기나 자연에 대한 책들, 예를 들어 곤충 이야기 같은 책 말이야. 아니면 환경 이야기는 어떨까?

국어 공부를 잘하는 친구라면 신문을 읽어 봐. 국어 실력이 쑥쑥 늘게 돼. 신문에 실린 갖가지 새 소식을 읽어 보는 것도 좋지만 논설문을 읽는 것이 가장 좋아.

논설문은 신문사에서도 가장 경력이 오래된 논설위원들이 한 가지의 주제를 정해 하루 종일 고민하고 노력해서 쓰는 글이야. 그렇기 때문에 뛰어난 문장과 정확한 어휘, 그리고 논리 정연한 전개 방식을 배울 수 있거든.

하여간 국어 공부의 가장 기본은 무엇이든 읽는 거야. 그중에서도 국어 교과서는 반드시, 되풀이해서 읽는 것이 좋아.

국어 공부에서 가장 기본적인 맞춤법, 문장 기호, 다양한 표현 방법 등이 수준에 맞도록 수록되어 있는 책이거든.

그러니까 국어 공부를 잘하기 위해서는 우선 많이 읽자!

많이 쓰자!

국어 공부를 잘하기 위해서는 많이 써 봐야 해. 글쓰기를 통해서 자기가 하고 싶은 말을 다른 사람들에게 전달하고 읽는 사람을 이해시킬 수 있을 거야.

무얼 써야 할지 모르겠다고?

무엇이든 써 봐. 일기도 좋고 논설문도 좋고 생활문도 좋고 동시도 좋고 편지도 좋

아. 연필을 들고 원고지나 공책을 앞에 두고 무엇이든 써 보는 거야.

매일매일 일기를 쓰는 것도 국어 공부를 잘하는 비법 중의 하나야. 일기는 남에게 보여 주는 것이 아니라 자기가 겪은 일을 기록하여 보존하는 거거든. 누가 볼 일도 없기 때문에 마음속에 담은 말을 마음껏 쓸 수 있어.

다른 사람에게 하고 싶은 말이 있는데 말로 설명을 잘할 수 없을 때가 있을 거야. 이럴 때는 편지를 쓰는 거야.

종이에다 편지를 쓸 수도 있고 이메일로 편지를 쓸 수도 있어. 처음에는 몇 줄 쓰기가 무척 힘들지? 하지만 자꾸 쓰다 보면 글줄이 점점 늘어날 거야. 글줄이 늘어나는 만큼 국어 실력도 쑥쑥 자라게 될걸?

그러니까 국어 공부를 잘하기 위해서는 많이 쓰자!

많이 듣자!

언어를 배울 때는 읽기, 쓰기, 듣기, 말하기 과정이 필요해. 많이 읽고 많이 쓰고 있다면 이제는 듣기 공부도 해 보자.

남의 말을 집중해서 듣고 말하는 사람이 전달하고자 하는 것을 정확하게 알아듣고 이해하는 것이 국어 공부에서는 무척 중요하거든.

그러니까 다른 사람이 말을 할 때는 정신을 집중하고 잘 들어야 해. 듣기가 잘 안된다면 듣기 연습을 해야 돼.

앞서 소개한 세 가지 공부법과 함께할 수 있는 연습 방법을 소개할게. 친구와 짝을 이루어서 논설문 쓰기를 해. 주시경이 한글맞춤법 연구회를 만들었던 것처럼 가까운 친구와 함께 논설문 쓰기 연구회를 만드는 것도 괜찮을 거야.

친구와 함께 논설문을 썼다면 쓴 글을 각자가 읽어 주는 거야. 쓴 사람이 읽어 줄 때는 가만히 귀를 기울여 들어 봐. 그 사람이 논설문에서 무슨 주장을 하고 있는지 듣고 이해해야 하거든.

마지막으로 논설문을 서로 바꾸어서 읽는 거야. 그러면 국어 공부에 필요한 쓰기, 듣기, 읽기를 한꺼번에 공부할 수 있게 되지.

수학을 잘하고 싶다면 폴 에어디쉬처럼!

"수학을 다루지 못하는 사람은 완전한 사람이라고 할 수 없다. 기껏해야 구두를 신을 줄 알고, 목욕을 할 줄 알며, 집 안을 어지럽히지 않는 사람에 불과할 뿐이다."

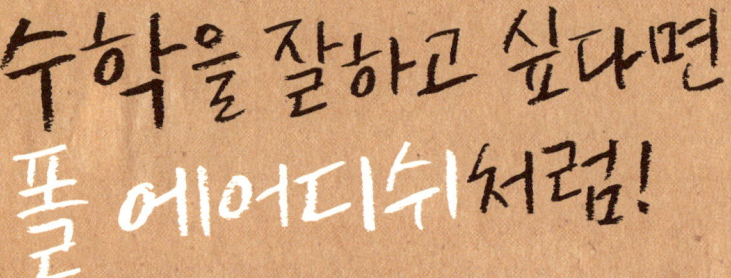

수학 공부, 정말 어려울 것 같지?

문제 하나를 푸는데도 머리가 지끈지끈 아파 올 것만 같지?

그런데 평생 동안 수학 문제를 풀며 살아간 사람이 있어.

바로 세계 최고의 수학자 폴 에어디쉬야.

수학자 폴 에어디쉬는 평생 동안 누구보다 많은 수학 문제를 찾아내고 그 문제를 풀어낸 사람이야.

그는 평생 동안 총 1,475편의 수학 관련 논문을 발표했어. 남들은 손자 손녀의 재롱을 보며 쉬고 있을 칠십 대 할아버지가 되어서도 한 해에 쉰 편 이상의 논문을 펴냈지.

누군가가 그런 폴 에어디쉬에게 물었어.

"그렇게 많은 수학 문제를 풀어냈으니 이제 좀 쉬어도 되지 않겠소?"

에어디쉬는 주름진 얼굴로 그 사람을 바라보며 대답했어.

"무덤에 들어가면
쉴 시간이 많을 거야."

맞아! 수학은 바로 그런 거야.

최고의 수학자가 되기 위해서는 아주 쉬운 더하기 문제부터 매일매일 차근차근 풀면서, 평생을 공부해야 하는 거야.

그러다 보면 어느 순간 수학 문제를 푸는 것이 재미있어지고 글자가 많은 동화책을 읽는 것보다 수식이 있는 수학 책을 보는 것이 훨씬 즐거워질 거야.

폴 에어디쉬는 수학을 어떻게 공부했는지 알아보면 수학과 좀 더 가까워지지 않을까?

계산 놀이의 재미에 푹 빠지다

폴이 아주 어렸을 때, 폴의 아버지는 적국에 포로로 잡혀 있었어. 어린 폴은 아버지가 무척 그리웠지.

"엄마! 아빠는 언제쯤 돌아오는 거야?"

폴이 물으면 엄마는 언제나 이렇게 대답을 했어.

"일 년이 지나면 돌아올 거야."

사실 포로로 잡힌 아빠가 일 년 뒤에 돌아올 수 있을지는 폴의 엄마도 알지 못했어.

아이가 하도 물어 대니까 그렇게 대답을 한 거야.

"그때까지 어떻게 기다리지. 아빠가 보고 싶은데."

"그럼 아빠가 며칠을 기다려야 오는지 한번 계산해 보지 그러니?"

엄마는 폴이 아빠를 기다리는 것이 너무 안타까워 말했어.

"일 년은 365일이니까 365일이 지나면 돌아오겠네."

폴이 대답했어. 엄마는 다시 물었어.

"그럼 몇 시간을 기다리면 돌아오실까?"

그건 좀 어려운 문제였지.

폴은 머릿속으로 계산을 해 봤지만 쉽지 않았어. 기껏 계산을 했다가도 숫자를 잊어버리기 일쑤였어.

폴이 계산을 하느라고 낑낑대는 동안에는 귀찮게 물어 대지 않을 테니까 엄마는 아들의 지겨운 질문에서 벗어날 수 있었지.

다음 날이었어.

엄마가 아직 잠자리에서 일어나지 않았는데 폴이 달려와 외쳤어.

"엄마! 엄마! 아빠는 8천7백60시간이 지나면 돌아와. 아니 이제 하루가 지났으니까 8천7백36시간이 지나면 돌아와."

엄마는 눈을 비비면서 말했어.

"어머나! 폴, 너 밤새 잠도 안 자고 그걸 계산하고 있었니?"

"아니야, 엄마. 계산은 어제 저녁 자기 전에 끝냈는걸. 엄마가 벌써 자고 있는 것 같아서 말하지 않았을 뿐이야."

"그렇구나!"

엄마는 폴이 수학 계산에 무척 뛰어나다는 것을 깨달았어.

엄마는 다시 폴에게 말했어.

"그래? 그럼 아빠는 몇 분을 기다려야 돌아오실지 계산해 볼래?"

"알았어. 엄마!"

계산이 점차 어려워졌어.

폴은 곧장 자기 방으로 돌아가 책상 앞에 앉았지.

그리고 차근차근 계산을 하기 시작했어.

다음 날, 아침이 되자 아직 침대에 누워 있는 엄마에게 폴이 외쳤어.

"엄마, 아빠가 돌아올 때까지 52만 2천7백20분 남았어."

문간에 선 폴이 자랑스러운 표정을 짓고 있었어.

"그래, 정말 잘했구나! 폴, 엄마는 어제 늦게 자서 아직 좀 더 자야겠다."

폴은 곧장 자기 방으로 돌아왔지.

방 안에서 가만히 생각해 보니 수학 계산이 무척 재미있는 거야.

그때부터 폴은 모든 것을 계산하기 시작했어.

어느 날은 엄마의 친구가 집으로 놀러 왔어.

폴은 대뜸 엄마 친구에게 물었어.

"아줌마! 아줌마는 지금 몇 살이세요?"

"어머, 얘. 여자에게 나이를 묻는 것은 실례야."

엄마 친구는 웃으면서 말했지. 하지만 폴은 계속 엄마 친구를 따라다니며 묻는 거였어.

"에휴, 아줌마는 서른세 살하고도 6개월 7일을 살았단다."

엄마 친구는 어린 꼬마인 폴에게 대답해 줬어.

나이를 한 살이라도 더 말하는 것이 싫어서 몇 개월 며칠이라고 대답을 한 거였지.

그러자 폴은 한참 동안 입을 꾹 다물었어.

엄마 친구는 이제는 따라다니며 물어 대지 않겠구나 싶었어.

그런데 폴이 금세 말하는 거야.

"아하, 아줌마는 만 2천2백32일을 사셨고, 시간으로는 29만 3천5백 68시간, 다시 말해 천7백61만 4천80분, 초로 나눠 보면 10억 5천6백 84만 4천8백 초를 사신 거네요!"

엄마 친구는 그만 입을 딱 벌렸어.

"어마나! 그 짧은 시간에 그걸 다 계산한 거니?"

폴은 자랑스러운 표정을 지었어.

그 뒤로 집에 놀러 오는 엄마 친구들은 폴에게 나이를 말해야 했어.

그러면 폴은 종이에 연필로 쓰지도 않고 머릿속으로 금세 계산을 해서 자랑스럽게 말했단다.

엄마 친구들이 깜짝 놀라는 표정을 짓는 것이 무척 재미있었거든.

하지만 엄마 친구들의 나이를 시간으로 계산해 주는 놀이도 오래가지는 못했어. 폴의 엄마에게는 친구들이 그다지 많지 않았기 때문이야.

폴은 심심해졌어.

'뭐 좀 더 재미있는 일이 없을까?'

그때부터 폴은 무언가 새로운 계산거리를 찾아내기 시작했어.

"아줌마, 기차를 타고 태양까지 도착하려면 얼마나 걸릴지 아세요?"

누가 그런 쓸데없어 보이는 일에 신경을 쓰겠어? 하지만 엄마 친구들도 나름대로 폴이 계산을 하는 것을 보며 재미를 느꼈지.

"글쎄다. 얼마나 걸릴까?"

그러면 폴은 자신이 계산한 시간을 알려 주며 아주 자랑스러워 했지.

당연히 엄마 친구들은 그런 폴에게 듬뿍 칭찬을 해 주었어.

폴이 수학을 잘한다는 게 엄마 친구들 입을 통해서 금세 퍼져 나갔어.

폴이 살고 있던 부다페스트에 커다란 구둣방을 하고 있던 바조니라는 사람이 있었어.

바조니의 아들인 앤드류는 어릴 때부터 수학을 무척 좋아했지.

바조니는 아들이 수학 천재라고 생각했어.

'음, 어쩌면 훌륭한 수학자가 될지도 모르는 아들을 위해서 무엇을 하면 좋을까? 수학 계산을 하면서 놀 수 있는 친구를 붙여 주면 좋겠어. 누가 좋을까?'

마침 새 구두를 사러 온 폴 엄마의 친구들이 가게 안에서 수다를 떨고 있었어.

물론 폴이 자신의 나이를 시간, 분, 초로 계산을 해 준 얘기였지.

여자들의 수다를 듣는 순간, 바조니의 머릿속에는 폴을 앤드류의 놀이 친구로 붙여 주어야겠다는 생각이 퍼뜩 들었어.

바조니는 당장 폴을 불러 앤드류랑 놀아 달라고 부탁을 했어.

"알았어요, 아저씨. 앤드류는 어디에 있어요?"

"가게 뒷방에 있단다. 어서 들어가 보렴."

폴은 고개를 끄덕이고는 곧바로 가게 뒷방으로 달려갔어.

앤드류를 보자마자 폴은 자기를 소개하거나 일상적인 인사말 따위는 할 생각도 않고 대뜸 물었지.

"앤드류! 네 자리 숫자를 한번 말해 봐!"

얼떨결에 앤드류는 생각나는 대로 대답을 했어.

"2,532!"

그러자 폴은 생각하지도 않고 곧바로 말했어.

"그 숫자의 제곱은 6,411,024야. 하지만 나는 아직 세제곱까지는 말하지 못하겠는걸. 앤드류, 피타고라스 정리의 증명을 몇 개나 알고 있어?"

생각할 틈도 없이 다그쳐 묻는 폴의 말에 앤드류 역시 곧바로 대답했어.

"한 개!"

"난 서른일곱 개를 알고 있어. 너는 직선 위의 점들이 번호를 붙일 수 있는 집합이 아니라는 것, 다시 말해서 무한하다는 것을 알고 있니?"

앤드류는 고개를 저었어.

그러자 폴은 곧바로 증명을 설명해 주고는 벌떡 일어났어.

"난 이제 가 봐야겠어."

폴은 마치 원숭이처럼 어깨를 구부정하게 숙여 몸을 양 옆으로 흔들고 팔을 휘저으며 달려가 버렸지.

앤드류는 그런 폴의 뒷모습을 한동안 멍하니 바라보았고 말이야.

수학을 공부하는 어노니머스 클럽

오랫동안 폴이 앤드류의 구둣방을 찾아왔어. 그러는 동안 아버지인 구두장이 바조니 씨가 생각했던 것이 이루어졌어. 앤드류의 수학 실력이 나날이 쑥쑥 늘어났지.

하루는 어두운 방 안에서 수학 문제와 끙끙대며 싸우고 있던 앤드류가 불쑥 말했어.

"형, 방 안에서만 맨날 계산을 하니까 답답하지 않아?"

새로운 수학 문제를 스스로 만들어 내서 해답을 구하고 있던 폴이 고개조차 들지 않고 대답했어.

"그럼 어디 갈 데라도 있어?"

앤드류가 긴 숨을 푹 내쉬었어.

"이제 봄이잖아. 바깥 공기가 따뜻해졌을 텐데. 오늘따라 방 안에 있기가 싫어."

"그럼, 밖에 나갈까?"

폴이 벌떡 일어서면서 대답했어.

앤드류는 놀란 눈으로 폴을 바라보았어. 설마, 그렇게 쉽게 응하리라 생각하지 못했거든. 폴은 하루 종일 수학 문제를 푸는 데만 골몰이었으니까.

폴이 여전히 풀던 수학 문제에 눈길을 둔 채로 말했어.

"나가자! 공원으로 갈까?"

"그래, 형. 문제 풀이는 잠깐 쉬자. 쉬면서 해야 머리도 맑아져서 잘 풀릴 거야."

"글쎄다. 그럼 네 말이 맞는지 나가 볼까?"

폴이 앞장서서 가게를 나섰어.

날이 따뜻해지자 공원에는 사람들이 많았어.

파릇파릇 새싹들이 자라오르기 시작한 잔디는 벌써 제법 파랗게 보였어. 노란 잎이 새로 돋은 나무는 산들바람에 긴 머리채를 한들한들 흔들고 있었어.

공원을 걸으면서도 폴은 아무 말이 없었어. 무언가 골똘하게 생각하고 있는 모양이었어.

"형, 무슨 생각을 해?"

앤드류는 멀리 잔디밭 앞에 있는 벤치를 바라보며 물었어.

"아까 풀던 수학 문제. 문제의 해답을 발견했거든."

"그래? 어떻게?"

"네 말대로 밖에 나오니까 생각이 더 잘되는 것 같아. 안 풀리던 것이 한순간에 풀리는걸."

폴이 빙그레 웃었어.

그때, 멀리 벤치 부근에서 젊은이들이 모여 웅성거리고 있는 것이

보였어.

　호기심이 생긴 폴과 앤드류는 슬그머니 젊은이들 틈에 끼어들었어.

　그들은 정치 이야기와 수학 이야기를 나누고 있었어.

　폴과 앤드류도 그들과 어울려 수학 얘기를 나누게 되었지.

　"마음이 맞는 친구들과 이야기를 나눌 수 있어서 정말 좋아!"

　헤어질 때가 되자 누군가 아쉬움이 가득한 목소리로 말했어.

　그때 폴의 머릿속에 반짝이는 아이디어가 떠올랐어.

> "좋은 친구와 수학 얘기를 할 수 있다는 것은 정말 기쁜 일이야. 그럼 우리들이 매주 만나서 수학 얘기를 해 보는 거 어때?"

　누군가가 불쑥 폴의 말에 맞장구를 쳤어.

　"정치 얘기도 함께!"

　"좋아! 그거 참 좋겠다."

　젊은이들이 모두 손뼉을 치면서 말했어.

　앤드류가 끼어들었어.

　"그럼, 우리 수학 모임을 만드는 것이 어때?"

　모두 고개를 끄덕였어.

"이왕 모임을 만드는 거 이름도 짓자! 어떤 이름이 좋을까?"

앤드류가 말했어. 다들 좋은 이름을 떠올리느라 잠시 동안 조용해졌어.

그리고 곧 저마다 맘에 드는 이름을 말했지.

"피타고라스 어때?"

"에이, 너무 따분해!"

그때였어. 말없이 딴생각에 잠겨 있던 폴이 고개를 들었어.

눈앞에 헝가리 왕들의 연대기를 편찬했던 이름 없는 역사가의 동상이 있었지.

"어노니머스!"

폴은 아무 생각 없이 중얼거렸어. 어노니머스라는 말은 이름이 없다는 뜻이었지.

앤드류가 손뼉을 짝 쳤어.

"그거 좋겠다. 어노니머스, '이름 없는'이라, 얼마나 좋아. 우리 모두 아직은 이름 없는 수학자이니까 이름 없는 수학자들의 모임!"

젊은 수학자들 모두 좋다고 해서 모임의 이름이 어노니머스로 정해졌어.

어노니머스는 매주 모여 그동안 각자가 만들어 낸 수학 문제들을 서로 나누고 풀이를 찾기 위해 토론을 하곤 했어.

일요일이면 부다페스트 교외의 언덕으로 하이킹을 가기도 했지.

무척 오래 걷는 하이킹이었어. 걷는 동안 어린 수학자들은 가볍게 잡담을 하거나 혼자서 깊은 생각에 빠져들곤 했지. 말없이 머릿속으로 수학 문제를 풀고 있는 거야.

집에서는 풀리지 않던 문제들도 오랫동안 걸으면서 생각을 거듭하다 보면 의외로 쉽게 풀리곤 했어.

수학의 전설, 언제나 수학을 생각하다

폴은 열일곱 살에 부다페스트에 있는 파즈마니 페테르 대학에 입학했어. 전국 규모의 경시대회에서 우승했기 때문에 다른 과목의 성적과는 상관없이 입학할 수 있었던 거지.

4년 뒤 폴은 수학 박사 학위를 따고 이 학교를 졸업했어.

대학을 졸업한 폴은 미국 뉴저지 주의 프린스턴 대학으로 가서 고등 학문 연구소에 연구원 자리를 얻었어. 급료는 비록 쥐꼬리만 했지만 수학을 연구할 수 있다는 것만으로도 폴은 행복했어.

연구원 생활을 시작한 지 얼마 지나지 않아 일본이 미국의 진주만을 기습 공격하는 일이 벌어졌어. 제2차세계대전이 미국까지 번진 거지.

이때, 폴은 마침 프린스턴 대학 수학과에서 공부하고 있던 일본인 가쿠타니와 친하게 지내고 있었어. 토론을 통해 가쿠타니는 수학 박사인 에어디쉬에게 많은 것을 배울 수 있었기 때문이야.

또 다른 학생인 영국인 스톤과 함께 세 사람은 매일같이 어울려 수학 문제를 토론하고 해결 방법을 찾곤 했어.

어느 날은 지친 스톤이 한 가지 제안을 했어.

"만날 연구실 안에서만 있을 것이 아니라 넓은 미국 땅을 여행해 보는 것은 어때?"

"그거 좋아. 난 미국을 샅샅이 돌아보는 것이 소원이었어."

가쿠타니가 무척 좋아했어.

폴은 그다지 마음이 당기는 일은 아니었지만 친구들과 함께 수학을 연구하고 토론하는 것이 좋아서 따라나서기로 했어.

세 사람은 자동차를 타고 미국의 서부 지역을 돌아다녔어.

"저것 봐! 저게 뭘까?"

스톤이 멀리 보이는 철탑을 가리키며 말했어.

"뭔지 가 보자!"

가쿠타니는 철탑을 향해 차를 몰았어. 뭐 특별히 정해진 목적지가 있는 여행이 아니었거든. 그저 자동차가 갈 수 있는 길이 나타나면 무조건 들어가 보는 식의 한가한 여행이었으니까 말이야.

철탑 아래에 차를 세우고 세 사람은 내렸어.

멀리 푸른 바다가 보이고 바람은 세 사람의 머리칼을 쓰다듬어 주었어.

"야! 좋다! 머리가 맑아지는 것 같아!"

그때까지도 폴은 무슨 생각을 하고 있는지 아무 말이 없었어.

그 순간, 세 사람의 뒤에서 허리에 권총을 찬 경비원이 달려오며 외쳤어.

"꼼짝 마! 너희들 누구야!"

세 사람은 어리둥절한 표정을 지었지.

"그냥, 지나가는 여행객인데요?"

가쿠타니가 고개를 갸웃거리며 대답했어.

경비원이 물었어.

"세 사람 모두 이름과 어느 나라에서 왔는지를 말해."

숨길 일도 아니니까 세 사람은 자신의 이름과 고향을 말했어.

가쿠타니가 일본에서 왔다고 말하는 순간이었어.

경비원이 허리에 차고 있던 권총을 빼 들고 세 사람을 겨누는 게 아니겠어!

"꼼짝 말고 모두 손을 머리 위로 들어!"

세 사람은 더욱 어리둥절할 수밖에 없었어.

손목에 수갑을 채우면서 경비원이 말했어.

"너희들은 군사 기밀이 있는 출입 금지 구역에 들어왔다. 일본의 간첩으로 의심되므로 체포한다."

마른하늘에 날벼락이었어. 하지만 경비원의 행동은 당연한 것이었지. 미국은 일본과 전쟁을 하고 있었고 게다가 그곳은 군인들이 쓰는 무선 송신 장비가 설치된 곳이었으니까.

"우린 프린스턴 대학에 다니는 학생일 뿐이에요. 저는 단지 일본인일 뿐 전쟁과는 아무 상관이 없는 민간인이라구요."

가쿠타니가 아무리 변명을 해도 소용이 없었어.

세 사람은 곧 가까운 경찰서로 가서 조사를 받게 되었어.

그때까지도 폴은 아무 말 없이 골똘하게 생각에 잠겨 있었어.

마지막으로 폴이 조사를 받게 되었어.

"당신은 정말 간첩이 아닙니까?"

폴은 대답 없이 멀뚱멀뚱 경찰관을 바라보았지.

"출입 금지 구역인 그곳에서 뭘 하고 있었습니까?"

경찰관이 다시 물었어.

"정수의 분할이론에 대해 생각하느라 출입 금지 팻말을 보지 못했습니다."

이번에는 경찰관이 멀뚱멀뚱 에어디쉬를 한참 동안 바라보다가 말했어.

"정수의 분할이론이 뭐요?"

"뭐, 그다지 어려운 것은 아니에요. 어떤 정수를 몇 가지 방법으로 나눌 수 있는지 알아보는 겁니다. 특정 정수 n을 양의 정수의 합으로 나타내는……."

"그만, 그만!"

경찰관이 머리를 절레절레 흔들었어.

"수학자들은 참 이상한 사람들이로군. 별 쓸데없는 일에 골똘하느라 정작 중요한 것은 보지 못하다니 말이야."

밤새 조사를 해도 별다른 간첩 혐의가 나오지 않자 세 사람은 다음 날 석방됐어.

"수학자들은 아무래도 조금은 미친 것 같아!"

세 사람의 뒷모습을 보면서 경찰관이 중얼거렸어.

그런 일이 있은 지 얼마 뒤에 폴은 퍼듀 대학의 수학 강사 자리를 얻었어. 그곳에서 폴은 밤낮을 가리지 않고 먼 거리를 산책하는 것을 좋아했지.

어느 날은 자정이 훨씬 넘은 깊은 밤에 산책을 나갔어.

그러자 경찰이 그를 불러 세웠어.

"신분증을 보여 주시오."

폴은 주머니를 뒤져 보았지만 어디에도 신분을 나타낼 만한 것이 없었어. 자동차 면허증도 없었고 그냥 이름을 확인할 서류조차 한 장 없었어.

경찰은 의심스러운 눈초리를 거두지 않았어. 아무도 없는 한밤중에 터덜터덜 걷고 있는 사람이라니 범죄자로 보일 수밖에 없지 않겠어?

"당신은 지금 뭘 하고 있는 겁니까?"

폴이 대답했어.

"전 지금 생각을 하고 있습니다."

"무슨 생각?"

"수학 생각!"

경찰관은 잠깐 어리둥절한 표정을 지었어. 한밤중에 거리를 돌아다니는 사람 입에서 나온 말치고는 너무 엉뚱했거든.

하지만 곧 웃으면서 폴을 보내 주었어. 폴이 수학 생각에 얼마나 몰입해 있는지 보기만 해도 알 수 있었거든.

이렇게 폴은 하루에 열아홉 시간씩 수학 공부를 했어.

잠자는 시간을 빼고 나면 먹을 때도, 길을 걸을 때도, 옷을 입을 때도, 화장실에서도 수학만을 생각하고 있었지.

수학 공부는 이렇게 폴 에어디쉬처럼 하는 거야. 그러면 세상에서 가장 어려운 어떤 문제도 풀 수 있다고!

폴 에어디쉬

Paul Erdös
1913년 3월 26일~1996년 9월 20일

1913 헝가리 부다페스트의 유대인 집안에서 수학 교사인
아버지 러요시와 어머니 안나 사이에서 태어났다.

1920 러시아 포로로 잡혔던 아버지가 풀려나와 영어와 수학을 가르쳤다.

1930 파즈마니 페테르 대학교에 입학했다.

1934 파즈마니 페테르 대학교에서 수학 박사 학위를 받았다.

1938 프린스턴 대학교에서 고등학문 연구소의 연구원 자리를 얻었다.

1941 간첩 혐의로 경찰에 체포되었다.

1951 수론 분야의 여러 논문으로 미국 수학회에서 수여하는
콜 프라이즈(Cole Prize)를 수상했다.

1983 수학 분야에서 두 번째로 유명한 울프상을 수상했다.

1996 학회가 끝나고 몇 시간 후 폴란드 바르샤바에서 죽었다.

에어디쉬 박사님!
전 숫자만 보면 머리가 지끈지끈 아파 와요.
수학이 너무 재미없어요. 어떻게 하면
수학과 친구가 될 수 있을까요?

수학은 우리 생활 속 어디에나 숨어 있어. 그게 바로 수학의 비밀이야.
생활 속에 숨어 있는 숫자들을 모두 찾아내면 수학을 잘할 수 있게 될 거야.
숫자들이 어디에 숨어 있느냐고? 그것까지 말해 주면 재미가 없을 텐데? 하지만 특별히 몇 군데만 가르쳐 주지.

우선 네 방을 쭉 둘러봐! 벽에 걸린 달력이 보이지? 그리고 달력 속에 숫자들이 보이지? 거실에 나가 봐! 텔레비전을 보겠다고? 우선 텔레비전을 켜려면 리모컨이 있어야겠지. 리모컨을 잘 살펴봐. 숫자가 숨어 있지.

숫자를 많이 찾았는데도 수학 실력이 늘지 않는다고?

찾아낸 숫자들과 놀이를 해야 수학이 널 좋아하게 되거든.

우선 방 안에서 찾아낸 달력의 숫자를 가지고 놀아 보자. 덧셈 뺄셈은 모두 배웠지?

달력에 있는 숫자들을 모두 더하면 얼마나 될까? 한 달은 30일이니까 1부터 30까지 한 번 더해 봐! 그깟 더하기쯤이야 무척 쉽지? 다 더해 봤으면 이번에는 15부터 30까지만 더해 봐. 그런 다음에 14부터 1까지 하나씩 빼 봐! 그러면 얼마나 남을까?

수학과 친해지기 위해서는 우선 생활 속에 있는 숫자를 찾아내 놀이를 하는 거야. 수학이랑 잘 놀아 봐. 그러면 멋진 수학자가 될 수도 있어!

폴 에어디쉬 식의 '수학' 공부법

개념과 원리를 이해하자!

수학이 어려운 것은 수학의 개념과 원리를 이해하지 못했기 때문이야.

사실 여러 공부들 중에서 수학만큼 정확하고 답이 하나뿐인 과목은 없어. 수학에서 1+1은 무조건 2이지. 답이 딱 하나뿐이야. 하지만 다른 과목은 그렇지 않지. 예를 들어 국어 과목은 문장의 내용을 듣고 이해하는 사람에 따라서 답이 다를 수도 있어. 아 다르고 어 다르다는 말 있잖아.

수학은 누가 풀어도 답이 하나뿐이기 때문에 개념과 원리를 이해한다면 무척 쉬운 과목이 될 거야.

자, 수학이 어렵다고 생각하는 그 마음부터 싹 버려. 수학은 쉬운 과목이야. 많은 수학자들이 오늘도 수학의 원리를 찾아내기 위해 고군분투하고 있어. 하지만 우리들은 앞선 사람들이 찾아낸 수학의 원리와 개념을 이해하기만 하면 되잖아!

그러니까 개념과 원리를 이해하기 위해 노력해 봐. 수학 공부가 한결 쉬워질 거야.

수학 공식을 외우자!

원리와 개념을 이해했다고? 그러면 이제는 그 원리로 만들어진 공식을 외우는 거지. 원리를 이해했기 때문에 공식을 외우는 것은 무척 쉬운 일일 거야.

공식은 수많은 수학자들이 수학의 원리에 맞추어서 계산하는 방식을 만들어 놓은 거야. 그러니까 공식을 많이 외울수록 어떤 수학 문제든 척척 풀어낼 수 있겠지?

물론, 공식만 많이 외운다고 해서 수학 실력이 금세 늘진 않아. 그 문제에 맞는 수학 공식은 무엇인지 아는 것이 바로 수학을 잘하는 지름길이지.

예를 들어 수학에는 원주율이라는 것이 있지? 원의 넓이나 길이를 구하는 공식에 쓰이잖아. 이 공식을 알아내기 위해 수많은 수학자들이 얼마나 노력을 했겠어?

간편한 공식을 만들기 위해 애쓴 수학자들의 노력을 생각하면 우리는 정말 쉽게 공부를 하는 거야! 그러니까 공식이 너무 많다고 생각하지 말고 열심히 외워 봐. 그럼 수학, 금세 정복할 수 있을 거야.

많이 풀어 보자!

수학을 잘하려면 많이 풀어 봐야 해. 날마다 삼십 분씩, 혹은 한 시간씩 꼬박꼬박 수학 문제를 풀다 보면 어떤 문제라도 금세 풀 수 있는 실력이 쌓이게 될 거야.

요즘 배우고 있는 수학 문제는 너무 어려워서 풀지 못하겠다고? 그럼 부끄럽다고 생각하지 말고 난이도를 조금만 낮춰 봐.

일 학년 때 처음 배웠던 덧셈 뺄셈부터 풀어 보는 거야. 매일매일 풀어서 이제는 눈을 감고도 풀 수 있다고 생각될 때까지 해 보는 거지. 그런 다음에는 곱셈으로 넘어가고 곱셈을 잠결에도 풀 수 있을 정도가 되면 이제는 나눗셈으로 넘어가는 거야.

이렇게 쉬운 문제부터 하나씩 단계별로 자꾸만 풀고, 풀고, 또 풀어 보면 어느새 수학 실력이 쑥쑥 자라고 있을 거야.

그러니까 수학은 교과서에 나오는 수학의 원리와 개념을 이해하고 공식을 외운 다음 많이 풀어 보면 잘하게 되는 거야. 혼자 하기 심심하면 친구와 같이 해 보는 것도 좋아. 친구와 그룹을 만들고 서로 문제를 누가 얼마나 많이 풀어내는지 시합을 할 수도 있지.

알았지? 하루하루 꼬박꼬박 수학과 놀다 보면 수학 공부 별거 아니야.

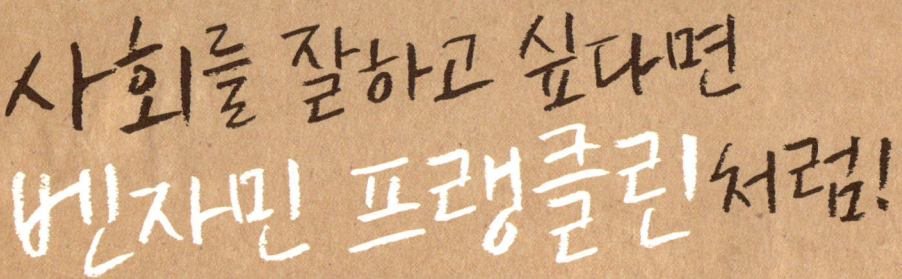

사회를 잘하고 싶다면 벤자민 프랭클린처럼!

"나는 독서를 좋아해서 손에 들어오는 돈으로 모두 책을 샀다.
독서만이 내가 몰두할 수 있는 단 하나의 즐거움이다."

사회 교과는 참 복잡하지? 역사, 철학, 지리, 정치 등등 수많은 분야가 몽땅 들어 있으니 말이야. 어떤 것을 어떻게 공부해야 될지 헷갈리기도 할 것이고.

그런데 알고 보면 사회 공부가 그렇게 어렵지만은 않아.

"계단을 하나하나 밟지 않고 꼭대기까지 기어오르기란 꽤나 어렵다. 하지만 맨 밑 계단부터 하나하나 밟기 시작한다면, 쉽게 꼭대기까지 올라가게 될 것이다."

벤자민 프랭클린이 한 말이야.

사회 과목을 이렇게 벤자민 프랭클린이 한 말처럼 공부한다면 참 쉽고 재미있게 배울 수 있을 거야.

참, 벤자민 프랭클린이 누군지는 알지?

벤자민 프랭클린은 미국 화폐 백 달러짜리에 그려진 사람이야. 미국 대통령이 아닌 사람으로 지폐에 그려진 사람은 단 두 명뿐인데 그중 한 사람이지. 미국이 독립하는 데 큰 공을 세워서 미국 건국의 아버지라고 불릴 정도로 존경받고 있는 사람이란다.

벤자민 프랭클린은 어릴 때부터 사회 분야에 대한 공부를 무척 좋아했어.

자! 지금부터 벤자민이 어떻게 공부를 했는지 알아볼까?

무슨 책이든 읽어 내는 책벌레

벤자민은 어렸을 때부터 책 읽기를 무척 좋아했어. 아주 적은 돈이라도 손에 들어오면 허투루 쓰지 않고 모아 두었다가 책 사는 데 썼단다. 당시에는 책을 파는 서점이 없었지. 그래서 책을 등에 짊어지고 집집마다 돌아다니는 행상인을 통해 책을 살 수 있었어.

"아저씨! 오늘은 어떤 책을 가지고 왔나요?"

마침 단골 행상인이 집에 들르자 열 살 벤자민은 쪼르르 달려갔어. 그리고 행상인이 미처 책 상자를 내려놓기도 전에 새로운 책을 살피느라 여념이 없었어.

"어이구 책벌레 소년이로군! 오늘은 네가 좋아하는 존 버니언의 『천로역정』이 있구나!"

행상인은 책 상자 한구석에 꽁꽁 숨겨 두었던 책을 꺼내 들었어.

"네가 이 책을 사고 싶어 할 것 같아서 따로 빼 두었지."

벤자민은 책을 받아 들고 팔짝팔짝 뛰면서 좋아했지.

"우아! 신난다. 아저씨 고마워요."

"고맙긴 뭘, 넌 내게 아주 큰 손님인걸! 이렇게 꼬박꼬박 책을 사는 손님이 없거든."

구레나룻이 짙은 행상은 빙그레 웃으면서, 좋아하는 벤자민을 바라보았지.

"아저씨 이제 존 버니언의 책은 다 있으니까요, 다음에는 음……."

벤자민은 생각을 하느라 고개를 들고 하늘을 올려다보았어.

구레나룻 책 행상 아저씨가 재우쳐 물었어.

"그래, 어떤 책을 구해다 줄까?"

"『역사전집』 좀 구해 주세요."

"R. 버튼이 쓴 책 말이니?"

벤자민은 고개를 끄덕였어. 그즈음부터 벤자민은 역사에 관심을 갖기 시작했거든.

"글쎄다. 그 책이 나온 지 좀 오래돼서 말이야. 있으려나 모르겠다. 하여간 구해 보도록 하마! 벤, 난 간다. 다음에 보자!"

"꼭 좀 구해 주세요."

구레나룻 행상인은 손을 흔들며 떠났어.

벤자민은 책을 들고 쪼르르 달려가서는 침대 위에 드러누웠어. 그러곤 금세 책 속으로 빠져들기 시작했어.

"휴우, 정말 잘 읽었어. 이젠 또 뭘 읽어야 할까?"

벤자민은 책꽂이에 있는 책들을 쭉 훑어보았지. 존 버니언이 쓴 책들이 수두룩 꽂혀 있었어.

"이 책들은 벌써 몇 번이나 읽었는걸."

벤자민은 이 책 저 책을 뽑았다가 다시 꽂았어.

"옳지, 아버지가 가지고 있는 책을 살펴봐야겠어."

벤자민은 살금살금 뒤꿈치를 들고 아버지의 서재로 다가갔어. 아버지의 서재는 함부로 들어갈 수 없었어. 아들이 열셋이나 되다 보니 한 사람만 책을 함부로 굴려도 망가지기 일쑤였거든. 거기다가 당시에는 요즘처럼 책을 쉽게 구할 수 없었어. 책이 귀했기 때문에 책꽂이에 많은 책이 꽂혀 있으면 큰 자랑거리였지.

다행히 아버지는 외출을 했는지 자리에 없었어.

"와! 저 책 재미있겠다."

벤자민은 까치발을 하고 서서 책꽂이 중간에 꽂혀 있는 책 한 권을 쑥 뽑아 들었어. 책등에는 『플루타르크 영웅전』이라고 씌어 있었어.

벤자민은 조심스레 자기 방으로 돌아간 뒤 금세 책 속으로 흠뻑 빠져들었어.

"정말 재미있어!"

벤자민은 그 책을 침대 아래에 숨겨 두었지. 그러고는 읽고, 읽고, 또 읽었어. 나중에는 책의 내용을 거의 외울 정도가 되었어.

한번 아빠의 서재에 들어가 책을 몰래 빌려 읽는 데 재미를 들인 벤자민은 생쥐가 풀 방구리에 드나들듯 서재에 드나들기 시작했단다. 그리고 디포의 『기업론』과 매더 박사의 『선행론』 같은 어려운 책도 달달 외울 수 있을 정도로 읽었어.

"이 책들은 나의 사고방식을 크게 변화시켰고 나중에 일어난 몇몇 중대한 사건들에 커다란 영향을 끼쳤다."

그러는 동안에 구레나룻 책 행상이 올 때가 가까워졌어.

벤자민은 고민에 빠져들었어.

"휴우, 돈이 없는데 책을 어떻게 사지? 아저씨가 이번에는 『역사전집』을 꼭 구해 온다고 했는데, 무려 오십여 권이나 되는 책을 어떻게 살까?"

벤자민은 방 안을 서성거리며 돌아다녔어. 그러다가 문득 좋은 생각이 떠올랐지.

"그래, 내가 다 읽은 책을 팔아서 새 책을 사야겠어."

『천로역정』뿐 아니라 존 버니언이 쓴 책들은 거의 다 모았는데, 여러 번 읽어서 달달 외울 만큼 되었거든.

벤자민은 책을 들고 나갔어.

"어이! 콜린스, 이 책 정말 좋은데 살 생각 없어?"

존 콜린스는 이웃에 사는 또래 친구였어. 콜린스 역시 책을 무척 좋아하는 친구였지.

콜린스는 언제나 벤자민과 말싸움을 하기 일쑤였고 때때로 벤자민이 자신이 읽은 책을 인용하는 바람에 콜린스가 말싸움에서 지는 때도 있었어. 그 때문에 콜린스는 벤자민이 읽은 책이라면 무엇이든 읽으려고 했어.

"좋아! 그 책을 내가 살게."

"음, 네가 사겠다면 좀 싸게 팔지 뭐."

벤자민은 선심을 쓰듯이 말했어.

주머니에 동전을 짤랑거리며 집으로 돌아온 벤자민은 흐뭇했지. 이제 곧 구레나룻 행상 아저씨가 올 때가 되었거든.

구레나룻 행상인은 얼마 지나지 않아 낑낑거리며 무거운 책 상자를 들고 왔어.

"네가 기다리던 『역사전집』 가져왔다. 휴우, 오십 권이나 되는 책을 가져오려고 땀깨나 흘렸지."

구레나룻 아저씨는 땀을 닦으며 말했어.

벤자민은 이미 책상자에 달라붙어 책을 꺼내 읽느라 정신이 없었지.

다른 이와 토론하고 의견을 듣다

"어이, 벤. 그동안 공부 많이 했나? 오늘은 무슨 논쟁을 벌여 볼까?"

콜린스가 벤자민을 만나자마자 입가에 웃음꽃을 활짝 피우며 말했어.

"좋지! 오늘 논쟁의 주제는 어떤 것이 좋을까?"

벤자민도 기뻤어. 가슴속에 반드시 논쟁에서 이기겠다는 승부욕이 불쑥 솟아올랐어.

사실 논쟁이라고 하기보다는 말싸움에 더 가까웠어. 콜린스와 벤자민은 이렇게 자주 만나면서 하나의 주제를 정해 말싸움을 했지.

둘은 서로 상대방을 윽박질러서라도 이기고 싶어 했어.

콜린스가 잠깐 생각을 하는 듯하더니 말했어.

"'여자들을 교육시키는 것이 바람직한 일인가?' 하는 것은 어때?"

콜린스와 벤자민이 살았던 당시에는 아직 여성 인권이 비참할 정도로 존중받지 못하던 때였어. 많은 사람들이 여성은 교육을 받을 필요도 없다고 생각하던 시기였지.

"콜린스, 네 의견부터 먼저 말해 봐!"

벤자민은 사실 여성 교육에 대해서는 생각을 해 본 적이 없었어.

"음, 난 여성을 교육시켜선 안 된다고 생각하는 사람이야. 옛말에 암탉이 울면 집안이 망한다는 말이 있잖아. 여성은 남성의 말을 잘 따르고 집안을 보살피는 일만 잘하면 되거든."

이런, 벤자민은 어쩔 수 없이 반대의 입장을 택해야 했어. 논쟁을 하려면 한 사람은 무조건 반대의 입장에 서야 하거든. 사실 여성 교육에 대해서는 아는 것도 읽은 것도 없지만 논쟁을 하려면 어쩔 수 없는 거였어.

"난 여성도 남성과 같이 교육을 받을 권리가 있다고 생각해. 여성도 동등한 권리를 가지고 태어났기 때문이지."

벤자민은 마치 여성 교육에 대해서 대단히 깊은 의견이라도 있는 듯이 말을 했어.

점잖게 시작된 논쟁은 곧바로 말싸움으로 바뀌었어.

"여성들이 학문을 할 능력이 있는가? 난 절대로 없다고 생각해. 말도 안 되는 이야기지. 여성들은 천성적으로 게으르고 깊이 생각하는 능력이 없기 때문에 학문을 하는 데는 어울리지 않아."

"그렇지 않아!"

벤자민은 그렇지 않다고 말은 했지만 그 이유를 논리적으로 설명할 수가 없었어.

콜린스는 워낙 청산유수로 말을 잘했기 때문에 때때로 논리보다도 유창한 말솜씨가 논쟁에서 한몫을 단단히 했어.

말문이 막혀 버린 벤자민은 그저 숨만 씩씩 내쉴 뿐이었어.

그날은 어찌되었든 결론을 내리지 못했어. 벤자민은 도저히 콜린스의 말에 고개를 끄덕일 수 없었거든.

며칠이 지나는 동안에도 말솜씨 때문에 콜린스에게 졌다는 생각이 벤자민의 머리에서 떠나지 않았어. 분하고 억울했지.

"좋아! 말로 안 된다면 글로 써서 보내면 되겠지."

벤자민은 몇 시간 동안 끙끙대면서 편지를 썼어.

논쟁에서 하고 싶었던 말을 차분하게 글로 써 내려가자 훨씬 더 자신의 의견을 나타내기 쉬웠지.

"자! 이 글을 읽고 나면 콜린스는 항복하게 될 거야."

벤자민은 자신만만하게 편지를 접어 봉투에 넣고, 콜린스의 집까지 걸어갔어. 그리고 문틈으로 편지를 집어넣었어.

"으하하, 콜린스 녀석 코가 납작해지겠지?"

벤자민은 돌아오는 내내 날아갈 것같이 기분이 좋았어. 그동안 콜린스의 유창한 말솜씨 때문에 말문이 막혀 말싸움에서 진 적이 한두 번이 아니었거든.

편지를 보낸 뒤로는 며칠 동안 기분이 좋았어.

그런데 어느 날 집에 돌아와 문을 여는 순간, 문틈에 끼워져 있는 봉투가 툭 떨어졌어.

"어! 이건 콜린스가 내게 보낸 편지인데."

벤자민은 편지 봉투를 쭉 뜯었어. 그리고 방 안에 들어서면서부터 읽기 시작했어.

콜린스의 편지는 벤자민이 보낸 편지에 대한 답장이었어.

벤자민이 펼친 논리들을 하나하나 반박하는 내용이 담겨 있었지.

"어휴, 이 녀석 말발만 뛰어난 줄 알았더니. 안 되겠다. 이 편지에 대해 반박하는 답장을 써야지."

벤자민은 밤새 끙끙거리면서 편지를 썼어. 그리고 다음 날 아침에 일어나자마자 콜린스 집에 가져다 두었지.

며칠 뒤에는 다시 콜린스에게서 답장이 왔어.

이렇게 편지가 오고 가던 어느 날이었어.

벤자민이 신나게 친구들과 놀고 집으로 들어왔어. 그런데 아버지가 거실 탁자에 앉아 편지를 읽고 있는 게 아니겠어? 아침에 온 콜린스의 편지를 읽고는 그대로 탁자 위에 두고 나간 걸 아버지가 본 거야.

"벤, 이 편지는 뭐냐?"

"요즘 콜린스랑 '여성에게 교육을 시켜야 하는가?' 하는 걸로 논쟁하고 있었어요."

아버지는 고개를 끄덕였어.

"다른 편지도 있니?"

"네."

벤자민은 편지를 모두 들고 와 내밀었어. 아버지는 오랫동안 꼼꼼하게 편지를 모두 읽었어. 물론 벤자민이 콜린스에게 보낸 편지도 들어 있었어. 벤자민은 나중에 논쟁을 끝냈을 때를 생각해서 두 편씩 편지를 써서 하나는 가지고 있었거든.

편지를 다 읽고 난 아버지가 환하게 웃었어.

"꽤 괜찮은 친구를 두었구나!"

"네, 아빠는 이 논쟁을 어떻게 생각해요?"

"글쎄, 내가 끼어들기는 좀 그렇구나! 하지만 편지를 읽은 소감은 말해 줄 수 있다."

"말씀해 보세요."

아버지는 한참 동안 생각하는 듯하더니 조심스레 말을 꺼냈어.

"음, 논쟁의 내용에 대해서는 너희들끼리 해결을 하는 것이 낫겠다. 그렇게 해야 생각이 더욱 깊어질 것 같구나. 내가 해 줄 수 있는 것은 철자법과 표현의 문제에 관한 조언이다."

아빠는 잠시 말을 멈추고 벤자민을 그윽이 바라보다 말을 이었어.

"구두법이나 철자법에서는 콜린스보다 네가 더 낫다. 하지만 네 생각을 표현하는 방법이나 글을 펼쳐 나가는 방법, 네 의견을 명쾌하게 표현하는 방법은 콜린스에 비해 뒤떨어지는구나! 그쪽으로 좀 더 노력을 해야겠다."

잡지에 난 논설문을 통해 공부하다

벤자민의 머릿속에서는 아버지가 한 말이 떠나지를 않았어.

"어떻게 하면 내 생각을 명쾌하게 글로 펼쳐 낼 수 있을까?"

벤자민은 오랫동안 생각을 했어.

그러다가 탁자 위에 놓인 잡지 한 권이 눈에 띄었어.

『스펙테이터』라는 제목이 쓰인 잡지였어. 아마도 발행되기 시작한 지 얼마 되지 않은 모양이었어. 표지에 제3호라는 글자가 씌어 있었거든.

벤자민은 아무 생각 없이 잡지를 뒤적였어.

『스펙테이터』는 시사 잡지였어. 군데군데 시가 실려 있었지만 세계 정세와 사회적인 문제에 대한 취재 기사와 논설문도 실려 있었지.

"어, 이거 봐라. 꽤 괜찮은걸."

벤자민은 그중에서도 한 논설문에서 눈을 뗄 수가 없었어. 마침 콜린스와 논쟁을 하고 있는 문제인 여성의 교육에 관한 논설문이었지.

"야, 문장도 좋고, 논리를 펼쳐 나가는 방법도 굉장히 명쾌하잖아."

벤자민은 이 논설문이 무척 마음에 들었어.

"하지만 어떻게 하면 이 논설문처럼 잘 쓸 수 있을까?"

벤자민은 또 고민을 하기 시작했어. 좋은 생각이 떠올랐어.

"그래, 모방은 창조의 어머니라는 말이 있잖아. 우선 이 논설문을 그대로 따라 써보는 거야."

벤자민은 논설문을 읽고 또 읽었어. 그러자 논설문에서 중요한 역할을 하는 단어들이 어떤 것인지 금세 알 수 있었어.

벤자민은 그 단어들을 공책에 옮겨 적어 놓았어.

그리고 며칠이 지난 뒤에 벤자민은 단어를 적어 놓은 공책을 펼치고 책상 앞에 앉았어.

"원래 논설문이 어땠더라!"

벤자민은 곰곰이 생각했지만 떠오르지 않았어.

공책에 적어 놓은 단어를 보자, 원래의 논설문에서 어떻게 논리를 펼쳐 나가고 독자를 설득했는지는 어렴풋이 기억이 났어.

"내 생각대로 한번 써 보고 원래의 논설문과 비교를 해 보자!"

벤자민은 공책에 적어 놓은 단어들을 넣어서 새로 논설문을 써 봤어.

"다 했다. 이제 비교를 해 봐야지."

벤자민은 자기가 쓴 논설문을 읽어 보고 이어서 『스펙테이터』지에 실린 원래의 논설문을 읽어 보았어. 물론 문장은 달랐지만 원래 논설문이 주장하던 내용이 자기가 쓴 논설문에도 그대로 들어 있었지.

"여긴 원래 논설문이랑 조금 달라. 주의해야 하겠는걸. 그래, 이렇게 하면 콜린스의 코를 납작하게 해 줄 수 있겠어!"

벤자민은 환하게 웃었어.

오랫동안 벤자민은 읽고 싶은 책을 구하느라 애를 썼어. 『스펙테이터』지에 실린 논설문을 읽고 다시 쓰는 일도 되풀이했지. 그러자 콜린스와 했던 말싸움은 제대로 된 논쟁으로 발전해 나갔어. 점점 더 많은 친구들이 생겨나고 함께 어울려 논쟁을 되풀이한 덕분이지.

어느 날 친구들과 찻집에 앉아 논쟁을 하던 중이었어.

벤자민은 갑자기 좋은 생각이 떠올랐어.

"잠깐만 내 말 좀 들어 봐! 내게 좋은 생각이 있는데 말이야."

한창 이야기를 나누고 있던 친구들이 말을 멈추고 벤자민을 바라보았어.

"우리가 꽤 많은 책을 가지고 있다고 생각하는데 어때?"

벤자민은 친구들을 둘러보았어. 친구들은 고개를 끄덕였지.

"아마, 우리 각자가 가진 책을 모두 모으면 우리나라에서는 가장 큰 서재가 될 거야."

벤자민이 그 말을 받았어.

"사실 내게 없는 책을 너희들에게 빌릴 때 상당히 힘이 들어. 이미 다른 친구가 빌려 갔을 수도 있고, 설사 있다고 하더라도 일일이 시간 약속을 하고 집까지 찾아가야 책을 빌릴 수 있잖아."

콜린스가 눈을 동그랗게 뜨며 말했어.

"뭐 좋은 방법이라도 있어?"

벤자민은 빙그레 웃었어.

"우리가 가지고 있는 책을 모두 한곳에 모으면 어떨까? 그러면 다른 친구가 가진 책을 일일이 빌리러 가야 하는 불편함도 없어질 테고, 누구든지 어떤 책이든 마음대로 읽을 수가 있잖아."

콜린스가 손뼉을 짝 쳤어.

"그거 괜찮은 생각인걸! 그런데 어디다가 모으지?"

벤자민이 말했어.

"그걸 함께 생각해 보자!"

친구들은 서로 머리를 맞댔어. 누구 한 사람의 집에 모으는 것은 힘들었어. 집에 사는 사람은 그 책을 관리하고 또 드나드는 친구를 대접해야 하잖아?

한 친구가 오랫동안 생각하더니 말했어.

"그럼, 아예 방을 하나 얻으면 어떨까? 그곳에다 책을 다 모으고 우리 모두 열쇠 하나씩을 나눠 갖는 거야. 그러면 언제든 와서 책을 읽을 수가 있고 또 누군가 책을 읽으러 찾아오는 우리를 대접하기 위해 애쓸 필요가 없잖아."

"그거 좋겠다. 간단하게 차를 마실 수 있는 도구를 갖춰 놓으면 책도 읽고 차도 마시고, 이렇게 모여서 토론도 할 수 있잖아."

친구들이 모두 좋다고 했어. 벤자민은 당장 주머니에 있는 돈을 몽땅 털어 냈어. 그러자 다른 친구들도 저마다 돈을 냈고 그 돈으로 방 하나쯤 쉽게 구할 수 있을 정도가 되었지.

곧 방을 얻고 친구들은 자기가 가지고 있는 책들을 모두 그 방에 모아 두었어.

기대했던 것만큼 책이 많지는 않았지만 모여서 토론하고 책을 읽기에는 충분했어.

그렇게 몇 달이 흘렀어.

벤자민은 어느 날 책을 읽기 위해 공동 서재를 찾아왔어.

"이런! 책이 엉망이 되었잖아. 내 책 몇 권은 아예 보이질 않네."

공동 서재를 이용하는 친구들은 많았지만 자기 책이 아닌 경우에는 책을 함부로 다루는 일이 많았어.

책장은 너덜너덜 낡아지고 처음에는 가지런히 꽂혀 있던 책을 누군가 읽은 뒤에 탁자 위에 함부로 놓아둔 채 가 버리는 일이 많았지. 그나마 탁자 위에 그 책이 있는 경우는 아주 운이 좋은 때였지. 어떤 때는 탁자 아래에서, 어떤 때는 화장실에서 책이 발견되기도 했어. 다음 사람이 그 책을 읽으려면 온 방 안을 샅샅이 뒤져야만 했지.

그러다 보니 잃어버리는 책도 꽤 많았어.

"으음, 이거 이렇게 해서는 안 되겠는데.
누군가 책임감을 가지고 책을 관리해야 되겠어."

벤자민은 곰곰이 생각을 했어. 하지만 친구들 중에서는 그 누구도 책임감을 가지고 공동 서재를 관리할 수는 없었어. 저마다 하는 일들이 있었기 때문에 바빴지.

공동 서재 때문에 성가신 일이 자꾸만 생기자 결국 일 년 정도 뒤에 공동 서재는 해체되었고 각자 자기 책들을 도로 가져갔어.

"하지만 이건 참 좋은 경험이었어. 누군가에게 월급을 주면서 공동 서재를 관리하게 하면 어떨까?"

벤자민은 오랫동안 그 생각을 했어. 그리고 나중에는 결국 회원제 대출 도서관을 만들었어.

총 오십 명의 회원을 확보했고 회원들은 가입비로 사십 실링을 내는 형식이었어. 회원들은 그 후 오십 년간 해마다 십 실링을 내서 회원제 도서관을 관리했지.

이렇게 벤자민이 처음 시작한 회원제 도서관은 곧 미국 북쪽 지역의

도시마다 퍼져 나갔어. 이 도서관 덕분에 미국인들은 대화의 질이 높아졌고 평범한 상인이나 농부 들도 지식인들과 맞먹을 수 있는 지성을 갖추게 되었어.

이렇게 지식을 일깨운 미국인들은 결국 영국에서 벗어나 독립을 할 수 있는 기반을 마련하게 되었던 거야.

벤자민 프랭클린
Benjamin Franklin
1706년 1월 17일~1790년 4월 17일

1706 조사이어 프랭클린의 열일곱 자녀 중 열다섯째 막내아들로 보스턴에서 태어났다.

1723 보스턴과 필라델피아에서 인쇄소 직원으로 일했다.

1727 자기 인쇄소를 시작하면서 전토클럽이라는 토론회를 만들었다.

1731 회원제 도서관을 시작했다.

1744 미국 방위군을 조직했다.

1751 주의회 의원이 되었다.

1752 피뢰침을 발명했다.

1764 식민지 대표가 되어 영국에 갔다.

1787 미국 헌법을 만드는 데 참여했다.

1790 84세의 나이로 죽었다.

프랭클린 아저씨!
<u>사회</u> 공부가 재미없어요. 어떻게 하면
사회 공부를 재미있게 할 수 있을까요?

    사회 과목은 사람과 사람 사이의 일을 공부하는 거야. 사회 과목에 포함되는 것이 역사, 법률, 규범, 도덕 등이지? 가만히 생각해 봐. 사회 과목에서 사람을 빼고 나면 뭐가 남을 것 같아?

    역사는 오랜 세월 동안 우리의 선조들이 살아온 과정을 기록한 것이지? 법률이나 규범은 뭘까? 사람이 다른 사람들과의 사이에서 평화롭고 편하게 살기 위해 서로 이러저러한 일은 하지 말자고 약속한 것을 아예 글로 써 놓은 것이 바로 법률이지. 글로 쓰지 않더라도 서로 간에 말없이 약속을 한 것이 규범이야.

    그러니까 사회 과목을 잘하게 된다면 다른 사람들과 함께 어우러져 살 수 있게 되는 거야. 이제 사회 공부를 해야 하는 까닭을 알겠지?

    사회 과목의 공부는 꼭 교과서만으로 해야 하는 건 아냐. 세상을 살아가면서 할 수 있는 모든 것이 바로 사회 과목의 공부가 될 거야.

    우선, 가까운 곳에 있는 박물관이나 고궁 등을 찾아가 봐. 거기에서 사회 과목의 한 분야인 역사를 공부할 수 있을 거야. 책만으로는 잘 이해가 안 가는 역사적 사실들도 박물관이나 고궁을 찾아가면 쉽게 와 닿을 수 있어. 실제 오래전에 쓰였던 물건들을 보고, 그 물건들이 어떻게 쓰였는지를 알아보는 과정에서 자연스럽게 사회 공부가 되거든.

    친구들과 모임을 만들어서 토론을 해 보는 것도 사회 공부야. 사회 교과서에 나오는 내용으로 서로의 의견을 말해 보는 거지. 가끔씩은 서로 협동해서 조사하고 그 내용을 비교하는 것도 좋겠지. 그러면 깨달음이 저절로 생겨나고 사회 공부를 잘하게 될 거야.

벤자민 프랭클린 식의 '사회' 공부법

발로 공부하자!

　사회 과목은 한 마디로 지금 우리가 살고 있는 이 사회를 이해하는 거야. 그러니까 교과서만으로 공부를 해서는 사회 공부를 잘할 수 없을 거야. 물론 교과서가 가장 기본이 되긴 하지만 말이야.

　우리가 살고 있는 사회를 가장 잘 이해하는 방법은 바로 발로 공부하는 거야. 공부는 머리로 하는 거지 어떻게 발로 하냐고?

　발로 공부하는 방법은 바로 그 사회를 직접 찾아가 보는 거야. 친구들과 함께 어울려서 동네를 한 바퀴 둘러본 뒤 지도를 그려 보는 건 어때? 그게 바로 사회 공부야.

　또 박물관을 직접 찾아가서 옛날 물건을 통해 역사를 익히고 관공서에서는 함께 어울려 사는 갖가지 방법들을 직접 체험해 볼 수 있겠지. 박물관에서 역사를 배우고 집에 돌아와서는 오늘 박물관에서 본 물건들이 있었던 시대를 찾아 공부해 볼 수 있고 말야.

　사회 공부는 이렇게 발로 하는 것이 기억에도 남고 이해하기도 쉬워. 그러니까 부지런히 발로 공부하자!

궁금한 것은 무조건 찾아보자!

　책을 읽다가, 텔레비전을 보다가 역사적인 지식이 나왔어. 그러면 어떻게 할 거야? 대부분 한쪽 귀로 듣고 한쪽 귀로 흘려 버리겠지. 하지만 그렇게 해서는 사회 공부를 잘할 수 없어.

　예를 들어 유명했던 드라마 〈선덕여왕〉을 보게 되었다고 하자. 그런데 선덕여왕이 누구야? 분명히 우리 역사 속에 선덕여왕이 있었거든.

　그럼 바로 역사책을 찾아보는 거야. 그러면 선덕여왕이 신라시대 최초의 여왕으로

서 신라의 삼국 통일을 이루는 기틀을 마련한 여왕이라는 걸 알 수 있어. 더불어 당시 신라는 여성이 왕이 될 만큼 여성에 대한 차별이 거의 없는 나라였다는 것도 알 수 있지.

이렇게 모든 것에 대해 궁금증을 가지고, 궁금한 것이 생기면 곧바로 찾아보는 거야. 어떻게 찾느냐고? 사전, 백과사전, 인터넷 등으로 궁금한 것을 금방 찾을 수 있을 거야. 정 못 찾겠으면 가까운 어른이나 학교 선생님께 물어도 돼.

자, 사회 공부를 잘하려면 궁금증을 가지고 무조건 찾아보는 거야!

친구들과 토론을 해 보자!

사회 공부를 잘하려면 친구들과 토론을 해 봐. 사회 과목과 관련된 어떤 주제를 가지고 꾸준히 토론을 하는 거야. 예를 들어 나처럼 '여성에게 교육을 할 필요가 있는가?' 하는 주제로 말이야. 요즘 여성과 남성의 차별이 없어진 것은 그런 사소한 토론에서 시작된 것인지도 몰라!

토론을 할 때도 잘해야 해. 마구잡이로 자기주장만 내세워서는 토론이 이루어지기 힘들겠지. 다른 사람의 말을 잘 듣고 그 말에서 논리적으로 어떤 허점이 있는지를 잘 생각해 봐야 해. 그리고 그 논리적인 허점을 파고들어야 하는 거지.

이렇게 친구와 주제를 놓고 토론을 하면 여러 가지를 배울 수 있어. 토론을 하는 방법, 토론을 하면서 지켜야 할 예절, 토론을 진행하기 위해 필요한 갖가지 분야의 지식 등 말이야.

한 마디로 토론은 꿩 먹고 알 먹기인 거지!

과학을 잘하고 싶다면 마리 퀴리처럼!

"내가 많은 시간을 과학에 바친 까닭은
단지 내가 그렇게 하고 싶었으므로,
연구가 마냥 좋았기 때문입니다."

비커, 스포이트, 램프, 플라스크, 이 밖에도 수많은 낯선 이름을 가진 기구들…….

보기만 해도 머리가 지끈지끈 아파 오면 꽤 곤란해. 바로 과학 실험 도구들이거든.

과학 과목은 참 골치를 지끈거리게 하는 과목이라고?

과학 공부 시간에는 알아듣지 못할 이야기만 선생님이 잔뜩 한다고?

그렇지 않아!

과학은 우리 생활을 보다 윤택하고 편리하게 만들어 주는 학문이야. 과학을 잘하는 어린이가 많은 나라는 미래가 아주 밝다고 할 수 있어.

과학 공부를 잘하려면 어떻게 해야 할까?

위대한 과학자가 어떻게 과학 공부를 했는지 알아보면 과학 공부를 하는 방법을 조금은 배울 수 있지 않겠니?

마리 퀴리라는 과학자가 있어.

흔히 퀴리 부인이라고 불리는 과학자야.

퀴리 부인은 남들이 한 번도 받기 힘든 노벨상을 두 번이나 받은 유일한 여성 과학자이기도 해.

마리 퀴리가 어떻게 과학 공부를 했는지 궁금하지 않니?

반짝반짝 빛나는 신기한 도구들

'저게 도대체 뭘까?'

어느 날, 아빠의 서재에 들어와 놀고 있던 어린 마리는 진열장을 가득 채우고 있는 신기한 물건을 빤히 올려다보았어.

비커, 유리관, 작은 자, 몇 가지 광물 견본, 유리병으로 된 금박 검전기가 유리 진열장 안에 가득 들어 있었어.

한 번도 아버지가 쓰는 것을 본 적이 없는 이상한 도구들은 어린 마리에게 호기심을 일으키기 충분했지.

'우아, 반짝반짝 신기하다.'

마리는 정신을 잃을 듯이 오랫동안 유리 진열장 안을 들여다보며 서

있었어.

"마리야! 뭘 그렇게 보고 있니?"

등 뒤에서 아버지의 굵직한 목소리가 들려왔어.

이상한 도구에 넋을 빼앗기고 있던 마리는 그제야 정신을 차렸어.

"아빠! 저기 반짝반짝 빛나는 게 뭐예요? 너무 예뻐요."

아버지는 마리가 바라보고 있던 진열장 안을 들여다봤어.

그러고는 한숨을 길게 내쉬었어.

"그건 과학 실험을 할 때 쓰는 물리학 기구란다."

"물리학 기구?"

마리가 아빠를 바라보며 되물었어.

"그러니까 물이나 화학물질을 끓여 보기도 하고 전기를 흘려 보기도 하고……. 에휴, 어린 너에게 설명해 봐야 알아듣지 못하겠구나!"

마리는 정말로 아빠의 말을 알아듣지 못했어.

하지만 물리학 기구라는 말은 마치 신기한 새로운 장난감을 발견한 것처럼 머릿속에 남았어.

"저거 가지고 놀아도 돼?"

마리는 잔뜩 기대하는 눈빛으로 물었어.

"그건 언니, 오빠 들이 학교에서 쓰는 실험 기구야. 네가 가지고 놀다가 자칫 깨뜨리기 십상이란다. 그러니 넌 인형이나 가지고 놀아라!"

아빠는 빙그레 웃으면서 고개를 저었어.

"그럼 학교에서 쓰는 거잖아. 그런데 저게 왜 우리 집에 있어?"

마리는 궁금한 걸 못 참았어. 연달아 아빠에게 물어 댔지.

"그게 말이다! 어휴!"

아빠는 또 길게 한숨을 내쉬었어.

"아빠가 학교에서 언니, 오빠 들을 가르치는 건 알지? 아빠가 가르치는 과목이 물리와 화학이란다. 진열장에 있는 물리학 기구들은 학생들을 가르칠 때 쓰는 실험 도구야. 그런데⋯⋯."

아빠는 말을 멈추고 한참 동안 천장을 올려다보았어. 그러고 나서 마리를 내려다보는 아빠의 눈가에 반짝 물기가 비쳤어.

"우리나라 폴란드가 러시아의 식민지로 있기 때문이야. 러시아 정부는 폴란드인인 아빠가 학생들에게 과학을 가르치지 못하게 했어. 우리 폴란드 학생들이 과학을 공부하는 게 러시아 정부는 싫은 모양이야."

"왜? 과학은 사람들의 생활을 편리하게 하는 거라고 아빠가 말했잖아. 그렇게 좋은 걸 왜 못 가르치게 하는 건데?"

마리가 초롱초롱 눈을 빛내며 다시 물었어.

"그건 말이다. 어휴!"

아빠가 다시 한숨을 내쉬었어.

"폴란드 사람들이 과학을 공부해서 똑똑해지면 나라를 되찾으려 할 거라고 생각하기 때문이야. 러시아는 우리 폴란드를 영원히 가지고 싶은 거지."

"아빠, 과학을 공부하면 똑똑해지는 거야?"

"그렇지!"

아빠가 천천히 고개를 끄덕이며 어린 마리의 얼굴을 자세히 들여다보았어.

마리의 얼굴은 귀엽고 깜찍하기 그지없었어.

> "아빠, 그럼 난 나중에 과학을 공부할 거야.
> 그리고 똑똑해져서 폴란드가 러시아에서
> 벗어나는 데 힘이 되겠어."

"그래, 그렇게 해 준다면 고맙겠구나!"
아빠가 환하게 웃었어.

어린 마리는 여전히 진열장에 놓여 있는 과학 실험 도구들을 빤히 쳐다보았어. 아빠는 그런 마리를 흐뭇하면서도 안타까운 마음으로 바라보았지.

'똑똑한 막내딸 마리야! 네가 남자로 태어났다면 얼마나 좋을까? 훌륭한 과학자가 되어 세상을 바꾸는 사람이 될 텐데.'

사실 마리가 태어난 1800년대 말은 아직 여성들의 인권이 제대로 자리를 잡지 못하던 때였어.

많은 사람들이 여자는 살림을 하며 가정을 꾸려 나가는 사람일 뿐이라고 생각했지.

그러니 여성이 공부를 해서 훌륭한 과학자가 된다던가, 세상을 바꾸는 사상가가 된다던가 하는 것은 꿈도 꿀 수 없었던 거야.

이런 일이 있은 뒤에 마리의 머릿속에는 과학자라는 낱말과 반짝반짝 빛나는 신기한 실험 도구가 잊히지 않았어.

마리가 열여섯 살이 되었을 때였지. 드디어 학교를 졸업할 때가 된 거야.

'앞으로 나는 뭐가 되어야 할까?'

어느 날, 마리는 곰곰이 생각을 했어.

조국 폴란드가 러시아의 지배 아래 있어서 폴란드 사람들은 어렵게 살고 있었거든.

가난하고 힘들게 살고 있는 폴란드 사람들의 생활을 알고 있는 마리는 깊은 고민을 할 수밖에 없었어.

'이렇게 아무 생각 없이 살아서는 안 될 것 같아. 러시아의 관리들에게 무시를 당하고 가난하고 힘들게 살고 있는 우리나라 사람들을 위해 뭔가 할 수 있어야 해.'

생각에 잠긴 마리의 얼굴은 벌겋게 달아올랐어. 안타까운 마음에 심장이 쿵쿵 뛰었어.

'세상에서 중요한 사람이 되어야겠어. 그래서 조국을 위해 뭔가 할 수 있어야겠지.'

그렇게 생각하는 순간, 어릴 때 아빠의 서재 진열장에서 보았던 과학 실험 도구가 떠올랐어. 그걸 본 순간부터 한 번도 잊은 적이 없었거든.

'그래, 세상을 바꾸는 과학자가 되어야겠어. 조국 폴란드를 위해!'

마리는 단단히 마음을 다졌어.

'비록 나 하나일 뿐이지만, 각각의 개인이 좀 더 발전하지 않는다면 더 나은 세상을 만들어 낼 희망도 없는 거야. 세상의 발전은 개인의 발전이 모여 이루어지는 거니까.'

그날부터 마리는 철학, 과학책 들을 가리지 않고 열심히 읽기 시작했어. 본격적인 공부가 시작된 거였지.

마침 그즈음에 프랑스의 철학자인 오귀스트 콩트가 실증주의를 발표했어.

"구름 위에 떠 있는 신이나 철학이 세상을 발전시키지 않는다. 사물을 정확하게 관찰하고 분석하는 과학만이 사람들을 좀 더 편리하게 하고 문명을 발전시킨다."

콩트의 실증주의는 과학자가 되기로 마음을 굳힌 마리에게 커다란 힘이 되었어.

"모든 것은 확인 가능한 증거에 입각해야 한다!"

마리의 가슴속에 종교적 믿음 대신 과학자로서의 신념이 자리 잡은 때였지.

마리는 꾸준히 공부했고

과학, 철학, 정치학, 문학 책 들을 읽어 댔어. 그리고 무엇인가 궁금증이 생기면 끊임없이 생각하고 그 해답을 찾으려는 집요한 노력을 했지.

언니와 함께 유학을 꿈꾸다

학교를 졸업하고 나자 더 이상 배울 곳이 없었어. 폴란드인에게는 대학이란 사치스러운 곳이었어. 러시아 정부에서는 폴란드인들이 더 깊은 학문을 배우는 것을 바라지 않았지.

학자들이 많이 생기고 공부를 해서 똑똑한 사람들이 많아지면 결국 폴란드의 독립운동이 일어날 것이 뻔했기 때문이야. 더구나 여성들이 상급 학교에 진학하는 것은 당시로써는 매우 어려운 일이었어.

당시 폴란드에서는 콩트의 실증주의를 따르는 학자들이 있었어.

"과학의 발전만이 폴란드의 미래다!"

실증주의자들은 폴란드의 젊은이들을 가르치기 위해 러시아 정부 몰래 비밀 학교를 만들었어.

변변한 교정이나 건물도 없는 학교였지.

이 학교는 학생들이 있는 곳이면 어디든지 찾아가는 학교였어. 그래서 이름도 이동대학교라고 불리게 되었어.

첫 해에는 무려 이백 명이 넘는 여성들이 이 학교에 등록해 몰래 배우기 시작했어. 학교는 순식간에 사람들의 입을 통해 알려졌고 삼 년 뒤에는 무려 천 명이 넘는 여성들이 배우고 있었어.

마리와 언니 브로냐도 이 학교에서 공부했어.

"마리! 난 말이야. 의사가 되고 싶어. 훌륭한 의술을 가르치는 프랑스의 소르본느 대학에서 의술을 배워서 조국 폴란드를 위해 봉사하고 싶어."

브로냐는 마리에게 자신의 꿈을 이야기했어.

가난한 집안 형편으로는 폴란드 땅도 아닌 멀리 프랑스의 소르본느 대학까지 유학을 간다는 건 쉬운 일이 아니었지.

"우리 집이 조금만 더 잘살았더라면, 러시아의 지배를 받는 가난한 폴란드에서 태어나지 않았다면 난 의사가 될 수 있었을까?"

브로냐는 마리를 향해 한숨을 내쉬며 말했어.

> "언니, 자신의 미래를 위해 노력하다 보면 길이 나올 거야. 결코 실망해서 멈춰서는 안 돼."

그럴 때마다 마리는 언니를 다독여 주었어.

드디어 이동대학교에서도 더 이상 배울 과정이 남지 않았어. 마리와 브로냐에게는 자신의 꿈을 향해 새로운 배움터를 찾아야 할 때가 왔어.

언니인 브로냐는 프랑스 소르본느 대학에서 의학을 배우고 싶어 했어. 그래서 이동대학에서 공부를 하는 틈틈이 아이들을 가르치며 돈을 모으고 있었지. 하지만 그렇게 모은 돈은 유학을 가기에 턱없이 부족했어.

그러던 어느 날, 마리가 불쑥 언니인 브로냐에게 말했어.

"언니, 내게 좋은 생각이 떠올랐는데……."

"무슨 생각?"

브로냐가 어리둥절한 표정으로 되물었어.

마리는 언니에게 다가갔어. 그리고 차근차근 설명을 하기 시작했어.

"언니, 지금까지 모은 돈으로 파리에서 얼마나 살 수 있어?"

"거기까지 가는 여비와 1년 정도 학비는 될 수 있을 거야. 하지만 의학부는 5년 동안 배워야 하기 때문에 턱없이 부족해. 언제쯤 그렇게 많은 돈을 모을 수 있을까? 불가능한 일이야."

브로냐는 힘없는 목소리로 대답했어.

"그러니까 우리 둘이서 함께 유학을 갈 수 있는 방법을 찾는 거야. 혼자서는 아무리 열심히 일해도 돈을 마련하기는 어려워. 하지만 내 생각대로 한다면 언니는 이번 가을에 파리로 가는 기차를 타고 있을 거야."

"그게 무슨 말이니?"

브로냐는 말도 안 된다는 듯 고개를 절레절레 흔들었어.

"내 말 잘 들어 봐! 우선 언니가 마련해 놓은 돈으로 유학을 떠나는 거야. 그러면 내가 여기서 어떻게든 일을 해서 돈을 마련해 보내 줄게. 아버지도 조금은 도와주실 거야. 그러면서 나는 내 유학 경비도 모을 생각이야."

"그게 말이 되니?"

"말이 되지. 그렇게 해서 언니가 의사가 되면 이번에는 내가 파리로 가는 거야. 그때 언니가 나를 도와주면 되는 거고."

브로냐는 말문이 막힌 듯 한동안 가만히 서 있었어. 사랑스러운 동생 마리를 물끄러미 내려다보는 눈에 살짝 반짝이는 물기가 비쳤단다.

브로냐는 마리의 생각을 곰곰이 따져 보았어. 그런데 한 가지 이해가 가지 않는 부분이 있었어.

"마리, 정말 고마운 생각이다만 어떻게 내 생활비와 학비를 보내 주면서 거기다가 네 유학 생활비를 저축할 수 있겠니? 도저히 이룰 수 없는 꿈이야."

마리가 방그레 웃었어.

"지금처럼 아이들을 가르치는 것만으로는 안 될 일이야. 하지만 내게 좋은 생각이 있거든."

"어떤 생각?"

마리가 환하게 웃었어.

"내가 입주 가정교사가 되는 거야. 입주 가정교사는 월급이 꽤 많잖

아. 먹고 자는 것에도 돈이 들지 않을 거고 세탁비도 들지 않는데다가 일 년에 사백 루불 정도는 받을 수 있어. 어쩌면 더 벌 수도 있을 거고. 그러면 가능하지 않겠어?"

브로냐는 마리를 와락 껴안으면서 큰 소리로 외쳤어.

"마리, 사랑스러운 동생 마리!"

사실 입주 가정교사는 부잣집의 하녀나 다름이 없었어. 언니를 위해 동생이 그런 일을 하겠다는 것도 감격스러운 일인데다가 언니를 유학

보내겠다는 동생의 마음 씀씀이는 참 고마운 일이었지.

한 조각의 빵만으로 버티다

프랑스 공화국

이과대학 - 제 1학기

1891년 11월 3일 소르본느에서 개강

소르본느 대학 정문 앞에 선 마리는 가슴이 심하게 두근거려서 기절할 것만 같았어.

언니 브로냐가 소르본느 의과대학을 졸업하기까지 생각보다 훨씬 많은 시간이 걸렸어. 의학 과정은 5년이었지만 여러 가지 사정 때문에 배우는 기간이 늘어난 거였지.

그동안 마리는 하녀나 다름없는 입주 가정교사 일을 하면서 번 돈의 절반을 꼬박꼬박 언니에게 보내 주었어.

그리고 드디어 의사 자격을 딴 언니가 마리를 파리로 불러들였지.

마리는 소르본느 대학의 이과대학에서 거의 이천 명에 달하는 학생 중 유일한 여성이었어. 당시에는 여자가 이과대학을 다닌다는 것을 아무도 생각하지 못하던 때였어.

어둑한 복도에서 지나가는 마리를 만난 학생들은 고개를 갸웃거렸어.
"쟨 누구야?"
친구들은 대부분 고개를 흔들었고 어쩌다 마리를 알고 있는 친구가 있다고 해도 대답은 애매모호했어.
"외국인이야. 이상한 이름을 가진 친구인데, 물리학 강의 때는 늘 맨 앞에 앉아 있어. 말수도 무척 적어서 아무도 저 친구와 대화를 해 본 사람이 없을걸."
처음 몇 주일간 마리는 자신이 소르본느 이과대학의 강의 과정을 따라갈 수 없는 것 같아 마음이 무척 초조했어.

"내 꿈인 과학자가 되기 위해서는 모든 것을 이겨 내야 해!"

조국 폴란드에서 배운 지식으로는 파리의 고등학생들이 대학입학 자격시험을 통해 얻은 지식을 도저히 따라갈 수 없었어. 특히 마리는 동급생들보다 수학과 물리학에서 많이 뒤떨어져 있었어.

폴 아벨 교수의 물리학 강의가 있는 날이면 햇볕이 쏟아져 들어오는 계단식 강의실의 맨 앞줄에 언제나 마리가 앉아 있었어. 마리는 책상 위에 펜대와 회색 천으로 표지를 싼 공책을 반듯하게 펴 놓고 교수의 강의를 한 마디도 놓치지 않으려고 정신을 집중했어.

주위에서 다른 동급생들이 시끄럽게 떠들어도 마리의 귀에는 전혀 들리지 않았어. 마리는 수업을 듣고 나면 가끔 다른 사람들을 이해하지 못할 때도 있었어.

"어째서 사람들은 과학을 아름답지 않다고 생각할까? 우주를 지배하는 변하지 않는 진리만큼 아름다운 것이 또 있을까?"

마리는 마치 물리학과 사랑에 빠진 것처럼 행복했어.

하지만 학교에 오고 가는 것은 무척 힘들었어. 언니 브로냐가 살고 있는 곳에서 학교까지는 마차를 타고도 한 시간이나 걸렸거든.

마리는 언니에게 조심스럽게 말을 꺼냈어.

"언니, 아무래도 시간이 너무 아까워. 학교까지 가고 오는데 두 시간이나 걸리니 공부할 시간을 너무 빼앗기는 것 같아."

언니는 안타까운 얼굴로 마리를 바라보았어.

"얘, 그렇다고 우리가 학교 근처로 이사를 할 수는 없는데."

마리는 언니를 마주 보며 무엇인가 결심한 듯 말했어.

"그래서 말인데, 이제부터 나 혼자 살아 보면 어떨까 해."

처음에 언니는 절대로 안 된다며 고개를 흔들었어. 하지만 마리는 간곡히 말을 했지.

"학교 가까운 곳에 방을 얻어 혼자 살면, 오가는 시간을 줄여 공부를 더 많이 할 수 있어. 그리고 또 학교까지 오가는 마차 삯을 절약할 수도 있잖아."

언니는 결국 마리의 고집을 꺾을 수 없었어.

마리는 학교와 물리 실험실, 도서관이 가까운 곳에 방을 얻었어. 언니는 마다하는 마리에게 이사 비용을 쥐여 주었고 마리는 아주 싼 다락방을 가까스로 얻을 수 있었어.

경사진 지붕에 바로 창이 붙어 있어서 다행히 햇볕은 환하게 들어왔어. 하지만 낡고 지저분한 방에는 난방이나 전기는 물론 수도조차 없었어.

마리는 가지고 있는 모든 것을 이용해 방을 꾸몄어. 폴란드에서 가져온 접이식 철제 침대와 이불, 난로, 부엌용 의자 하나, 세면기, 삿갓을 씌운 석유램프, 주전자, 커피잔만 한 알코올램프가 고작이었지만 마리는 혼자 마음껏 공부할 수 있는 방이 아주 마음에 들었어.

"아, 마음껏 공부할 수 있다니 행복해!"

마리는 추위나 배고픔 따위를 느껴야 하는 자기 자신이 싫었어. 난로에 불을 지피지 않아 손가락이 곱고 어깨가 덜덜 떨리는 것도 잊은 채 숫자를 쓰거나 방정식을 풀었지.

밥을 먹기 위해 가게에 식품을 사러 가는 시간조차 아까웠어. 몇 주 동안 기껏 버터 바른 빵과 홍차를 마시며 끼니를 때우기 일쑤였지.

가끔 맛있는 것이 먹고 싶어질 때가 있으면 간이식당으로 갔어. 거기서 달걀 두 개로 만든 요리를 먹거나 초콜릿 한 조각, 과일 하나 정도를 먹는 것만으로도 무척 행복해졌단다.

이렇게 무리하게 공부를 하자 몇 개월 전 폴란드를 떠날 때는 건강하고 뺨이 발그레하던 모습이 어느 순간 사라졌어. 책상에서 일어날 때 가끔은 현기증이 나기도 했지.

겨우 침대에까지 가서 푹 고꾸라지는 일도 있었어. 그럴 때면 병에 걸린 건지도 모른다고 걱정을 했지만 영양실조 때문에 일어난 일이라곤 상상도 하지 않았어.

이렇게 제대로 먹지도 않고서 마리는 새벽 서너 시까지 공부를 했어. 그리고 겨우 네 시간 정도 잠을 자고는 곧바로 일어나 학교에 갔지. 학교에서도 하루 종일 강의를 듣거나 실험실에서 실험에 몰두했어.

공부, 공부, 또 공부!

마리는 온통 연구에 몰두하고 공부에 푹 빠져서 인간이 발견한 모든 지식을 배우고 말겠다는 생각밖에 없었어. 수학과 물리와 화학을 배웠고 실험을 하느라 온통 정신을 쏟았단다.

사 년의 시간이 지나는 동안 마리는 한 과목에서 학위를 받는 것에 만족할 수 없었지. 그래서 수학과 물리학 과목에서 학위를 받기로 결심하고 공부에 온통 정신을 쏟았어.

1893년 마리는 물리학 학사 시험을 일등으로 통과했고 1894년에는 수학 학사 시험을 이등으로 통과했어.

정말로 두 개의 학위를 받은 거야.

과학 공부에 정신을 쏟은 결과, 이후에는 오랜 연구 끝에 남편과 함께 노벨 물리학상을 받았고, 남편이 죽고 난 뒤에는 노벨 화학상을 받는 큰 위업을 달성할 수 있었어.

마리 스쿼도프스카 퀴리

Maria Skłodowska-Curie
1867년 11월 7일~1934년 7월 4일

1867 폴란드 바르샤바에서 물리학 교사인 블라디슬라프의 막내딸로 태어났다.

1885 언니의 유학을 돕기 위해 입주 가정교사로 일했다.

1891 소르본느 대학교에 입학해서 물리학과 수학을 공부하기 시작했다.

1895 피에르 퀴리와 결혼했다.

1903 「방사능 물질에 관한 연구」로 물리학 박사 학위를 받았다. 그해 남편 피에르 퀴리 및 앙리 베크렐과 함께 노벨물리학상을 받았다.

1908 죽은 피에르 퀴리의 뒤를 이어 소르본느 대학 최초의 여성 정교수가 되었다.

1911 노벨 화학상을 받았다.

1922 여성 최초로 과학아카데미 회원이 되었다.

1934 방사능 실험 때문에 백혈병으로 죽었다.

퀴리 박사님!
전 과학 공부가 무척 싫어요. 실험을 할 때는 무섭고요,
과학 용어도 어렵고 재미없어요.
왜 과학 공부를 해야 하는 걸까요?

사실 과학 공부를 재미있어 하는 친구는 그다지 많지 않을 거야. 이름도 잘 모르는 여러 가지 실험 도구, 동물, 식물, 화학, 물리 등의 생소한 이름들을 외워야 하고, 나중에는 알쏭달쏭한 원소표도 외워야 하지.

그런데 과학 공부는 꼭 해야 한단 말이지.

과학은 나라의 미래, 나아가서는 인류의 미래를 위해 꼭 필요한 과목이기 때문이야. 사실 인류의 문화와 기술이 발전한 데는 과학자들이 있었기 때문에 가능한 거였어.

옛날 사람들은 아무도 지구가 돌고 있다고 생각하지 않았지. 심지어는 지구가 편평하다고 믿고 있기까지 했어. 그래서 지구 끝까지 걸어가면 어느 순간 절벽이 나타나 낭떠러지로 뚝 떨어질 거라고 믿었어.

하지만 지구가 둥글다는 것을, 하루에 한 바퀴씩 돌고 있다는 것을, 나아가 태양의 주위를 일 년에 한 바퀴씩 돌고 있다는 것을 밝혀낸 사람들이 누구겠어? 바로 과학자들이야.

이런 우주의 이치를 발견한 것뿐만이 전부가 아니야. 기름을 태워 움직이는 엔진을 만든 것도 과학자고, 여행을 편하게 하는 기차와 비행기를 만든 것도 과학자였어.

지금 우리가 살고 있는 이곳에 과학 기술이 없다고 생각해 봐. 얼마나 끔찍하겠어?

그럼 가만히 눈을 감고 상상을 한번 해 봐!

새로운 과학적 발견을 한 자신의 모습을 말이야. 에디슨처럼 전기를 사용해서 사람들에게 이로움을 주기도 하고, 뢴트겐처럼 새로운 광선을 발견해서 의사들이 쉽게 수술을 하게 한다면! 정말 자랑스럽겠지.

자, 그럼 과학 공부를 열심히 해야 할 까닭이 생겼지?

마리 퀴리 식의 '과학' 공부법

무엇이든 직접 경험해 보자!

과학 공부를 잘하려면 무엇이든 직접 경험해 보는 것이 좋아. 경험만큼 기억에 오랫동안 남는 공부 방법도 없거든.

친구들과 어울려서 과학관으로 가 봐! 온갖 과학적 원리를 쉽게 배울 수 있어. 과학관에는 과학적 원리를 이용하여 만든 다양한 놀이 기구가 있어서 놀면서 과학을 공부할 수 있지.

식물에 대해서 공부를 할 때는 식물원을 찾아가 봐!

온갖 식물들이 다 있으면서 그 식물들이 어떤 모양을 했는지, 어떻게 자라는지, 씨앗의 모양은 어떻게 생겼는지 쉽게 알 수 있어. 물론 교과서에서도 그림으로 잘 설명을 하고 있지만 직접 보고, 만지고, 들어 보면 확실하게 알 수 있지.

그리고 가장 중요한 것은, 과학 실험에 적극적으로 참여하는 거야. 플라스크에 용액을 넣고 섞어서 다른 용액으로 만드는 실험을 직접 해 봤다면 그 과학적 원리를 절대로 잊어버리지 않게 될걸.

과학은 직접 실험하고 만져 보면서 배우는 것이 가장 좋아!

백과사전을 자주 찾아보자!

집에 백과사전이 있을 거야. 없다고? 그렇다고 걱정을 할 필요는 없어. 요즘은 인터넷을 통해 얼마든지 백과사전을 이용할 수 있거든.

백과사전은 과학 공부를 하는 데 큰 도움이 되는 책이야. 백과사전에는 세상 모든 것이 다 나와 있어.

예를 들어 '노루와 고라니는 어떻게 다를까?' 하는 생각이 들었다고 하자. 가만히 생각을 해서는 그걸 도저히 알아낼 수 없겠지. 텔레비전에도 안 나와!

하지만 백과사전을 찾아보면 금세 알 수 있지. 노루라는 항목과 고라니라는 항목을 따로 찾아보는 거야. 그러면 노루와 고라니가 겉으로 보기에는 거의 비슷하게 생겼지만 노루의 수컷에는 뿔이 있고 고라니는 없다는 걸 알 수 있을 거야. 그리고 노루는 엉덩이에 하얀 털이 있지만 고라니는 없다는 것도 알 수 있지.

이렇게 백과사전에서는 세상 모든 지식을 다 찾을 수 있어. 백과사전에 안 나오는 것도 있다고? 그럼 그건 과학자들이 아직 발견하지 못한 지식일 거야. 그러면 네가 그걸 발견해 보는 것은 어때?

무엇이든 '왜?'라는 질문을 해 보자!

궁금하지 않니?

사람의 몸은 무엇으로 만들어져 있는 것일까? 돌멩이는 무엇으로 만들어졌을까? 우리가 쓰는 연필은 무엇으로 만들어졌을까? 세상에서 아직 발견하지 못한 물질은 없는 것일까? ……궁금하지?

그렇지! 과학은 바로 이런 호기심에서 출발하는 거야. 무엇이든 호기심을 가지고 살펴보면 과학 과목이 점차 재미있어질 거야.

과학 교과서를 읽어도 특별한 호기심이 생기지 않는다고? '왜?'라는 궁금증이 생기지 않아?

그렇다면 과학적 호기심을 자극할 수 있는 방법을 찾아보는 것도 좋아.

무조건 궁금해 하기 위해 노력하는 거지!

유리컵으로 물을 마시고 난 뒤에는 유리컵을 보면서 궁금증을 가지기 위해 노력해 봐! 유리는 왜 투명한 것인지, 유리를 통과한 빛은 왜 한쪽으로 모이는 것인지 등등 말이야.

이렇게 조금만 연습을 하면 세상 모든 것이 다 궁금해질 거야. 그렇게 되면 과학이 더는 어렵지 않게 느껴질 거야.

음악을 잘하고 싶다면 윤이상처럼!

"예술은 솔직하고 진실한 데서 생겨난다.
그렇지 않고서는 진정한 예술이 될 수 없다.
듣는 이에게 설득력이 없고 감동을 주지 않는 예술은 죽은 예술이다."

음악! 모두들 좋아하지?

신나는 댄스 음악도 좋고, 조용한 발라드도 좋아. 예쁜 언니 오빠 들이 우르르 몰려나오는 가요 프로그램도 즐겁지.

그런데 학교 음악 시간은 왜 즐겁지 않을까?

즐겁다고? 그럼 좋지.

하지만 음악 공부는 그다지 재미있지 않다고? 오선지에 콩나물이 주르르 그려진 악보는 봐도 뭐가 뭔지 모르겠다고?

음악 공부를 어떻게 하면 좋을까?

우리나라가 낳은 세계 최고의 음악가가 있어.

바로 윤이상이야.

독일에서 뮌헨올림픽이 열릴 때, 독일의 수많은 작곡가, 유럽의 수많은 작곡가를 제치고 올림픽 문화 행사의 하나인 오페라 작곡을 위촉받은 음악가였어.

그뿐만 아니라 음악에 대한 공로로 독일연방공화국 대공로훈장과 괴테상을 받았고 전 세계에서 유명한 현대 작곡가들의 모임인 국제현대음악협회 명예회원이 된 음악가이지. 게다가 동양인으로서는 최초로 명예회원이 된 거란다.

자, 그렇다면 윤이상은 어떻게 음악 공부를 했을까?

고운 소리를 내는 검은 상자

통영에 있는 통영공립보통학교에 한복 두루마기를 입고 갓을 쓴 아버지 손을 잡은, 여덟 살 이상이 들어섰어. 공립보통학교는 요즘 초등학교를 말하는 거야.

아버지가 교장 선생님과 이상이 학교에 입학하는 일에 대해 이야기를 나누는 동안 이상은 옆 교실에서 얌전하게 기다리고 있었어.

여덟 살은 가만히 앉아 있기가 무척 힘든 나이야. 유난히 호기심이 많은 때인데 학교라는 곳을 처음 와 봤으니 궁금한 게 얼마나 많겠어.

교탁 위에 놓여 있는 꽃병, 교실 뒤에 있는 게시판, 청소 도구함까지 이것저것 만져 보고 싶은 게 무척 많았지만 이상은 꾹 참고 가만히 앉아 두리번두리번 눈만 굴리고 있었지.

궁금한 걸 알아보고 싶어서 엉덩이가 들썩거릴 때쯤 교실 문이 드르륵 열렸어. 그리고 선생님 한 분이 들어왔어.

선생님은, 호기심을 겨우 눌러 참고 얌전히 있는 이상을 쓱 훑어보더니 곧 검고 커다란 상자 앞에 앉았어.

뚜껑을 열면 하얗고 기다란 판 위에 검고 짧은 판이 가지런히 놓여 있는 신기한 물건이었어.

이상은 '선생님이 도대체 무얼 할까?' 하며 가만히 바라보고 있었어.

선생님은 양 손가락으로 희고 검은 판을 눌렀어. 그러자 정말 아름다운 소리가 상자 안에서 울려 퍼지는 게 아니겠어?

'우아! 정말 아름다운 소리야. 도대체 저게 뭐기에 고운 소리를 내는 걸까?'

그 소리를 듣자 이상은 가슴이 두근두근 마구 뛰었어. 마치 구름을 밟고 둥둥 떠 있는 듯한 이상한 느낌이었지.

처음 본 상자에서 고운 소리가 나는 동안 이상은 마치 꿈속에서 헤매는 듯한 기분이었어.

선생님은 한동안 상자에서 소리를 내더니 얼마 지나지 않아 밖으로 나가 버렸어.

그때까지 이상은 꿈속에서 깨어나지 못하고 있었어.

"야, 정말 신기하다. 도대체 무슨 물건이기에 이토록 고운 소리를 내는 걸까?"

이제는 더 얌전하게 앉아 기다릴 수 없었어. 검고 커다란 상자는 이상을 참을 수 없게 만들어 버렸거든.

이상은 살금살금 검은 상자 앞으로 다가갔어. 검은 상자는 바로 풍금이었어.

"나도 아름다운 소리를 낼 수 있을까?"

이상은 선생님이 했던 것처럼 상자의 뚜껑을 열어 희고 검은 건반을 꾹 눌러 보았어.

"어! 어찌된 일이지? 왜 소리가 안 나는 거지?"

이상은 검은건반 흰건반을 여기저기 눌러 보았지만 풍금은 전혀 소리가 나지 않았어.

"에이, 누가 이기나 해 보자! 반드시 소리가 나게 만들겠어."

이상은 풍금을 요리조리 살펴보았어.

풍금 앞에는 의자가 놓여 있었지. 의자를 밀어내고 그 밑을 들여다 보자 발을 올려놓을 수 있는 페달이 두 개 보였어.

"이건 뭘까?"

이상은 페달을 밟아 보았어. 페달이 쑥 들어갔지만 맑고 고운 소리가 나지는 않았어.

"이상하다. 분명히 아까 선생님이 소리를 냈는데."

이상은 페달을 다시 밟았어. 그 순간 몸을 지탱하느라 한쪽 손이 건반을 여러 개 눌렀어.

풍금에서 여러 가지 음이 섞인 고운 소리가 울려 나왔어.

"알았다! 페달을 밟으면서 여길 누르니까 소리가 나는 거로구나!"

이상은 페달을 밟으면서 건반을 하나씩 눌러 봤어. 선생님이 낸 맑고 고운 소리가 퍼졌지.

"어, 누르는 것마다 조금씩 다른 소리가 나네!"

건반을 차례차례로 눌러 보면서 이상은 왼쪽 건반에서부터 차례로 조금씩 음이 높아진다는 것도 깨달았어.

이상은 풍금의 건반을 눌러 여러 가지 소리를 내면서 조금씩 익혀

나갔어.

시간이 얼마나 지났는지 몰랐어. 건반을 누르고 하나씩 다른 소리를 듣는 것이 너무 재미있고 좋았어.

갑자기 교실 문이 드르륵 열렸어.

"이상아, 이제 그만 가자!"

아버지가 교장 선생님과 이야기를 끝내고 들어온 거였어.

이상은 무척 아쉬웠어. 풍금을 가지고 더 놀고 싶었지만 이제 아버지와 함께 집으로 돌아가야 했어.

"이상아! 내일부터 여기 학교에 다니기로 했다. 선생님 말씀 잘 듣고 공부 열심히 해야 한다."

집으로 돌아가는 길에 아버지가 말했어.

이상은 아름다운 소리를 내는 풍금이 있는 학교에 다니게 되었다는 말에 가슴이 뛰었지.

"네, 아버지. 열심히 학교 다닐게요."

내일부터 풍금 소리를 매일 들을 수 있다는 것이 무엇보다 기뻤어.

윤이상 123

소리를 알려 주는 종이 위의 콩나물

통영보통학교에 입학한 이상은 음악 시간을 가장 좋아했어.

삼 학년이 되었을 때였어.

사범학교를 나온 젊은 음악 선생님이 통영보통학교에 부임해 왔어.

선생님은 음악 교과서에 있는 노래는 물론이고 다른 노래도 많이 가르쳐 주었어.

또 당시에 보통학교 학생들에게는 잘 가르쳐 주지 않던 악보 읽는 법도 알려 주었지.

젊은 음악 선생님은 다섯 선이 그려진 칠판에 새로운 노래의 악보를 그려 보여 주었어.

"도대체 저 콩나물처럼 생긴 게 뭘까?"

이상은 선생님이 그린 것이 참 이상하게 여겨졌어.

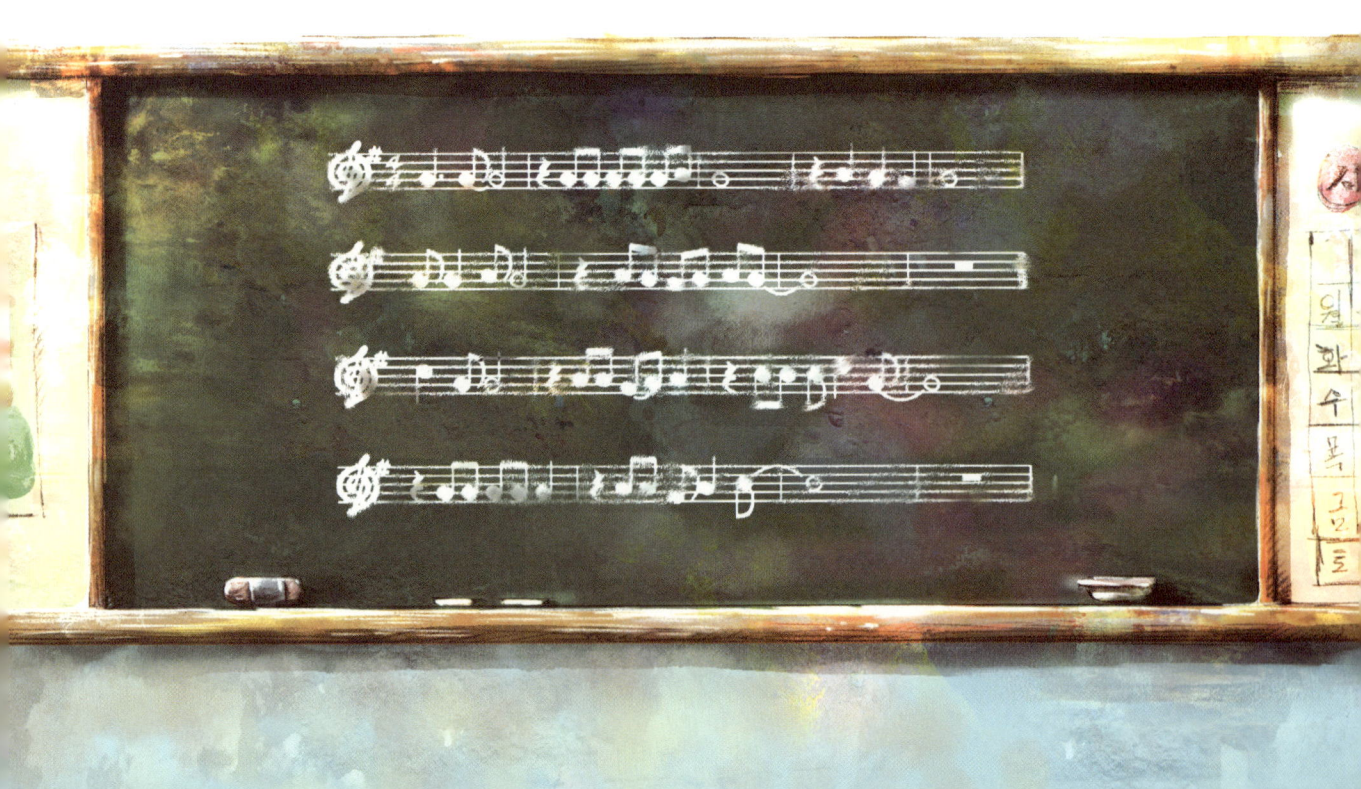

"자! 여러분, 이것이 바로 악보입니다. 악보가 뭘까요?"

선생님은 아이들을 둘러보면서 물었어.

생전 처음 악보를 본 아이들은 악보가 뭔지 알 수 없었지.

아이들이 모두 고개를 도리도리 흔들자 선생님이 웃으면서 말했어.

"자, 악보는 바로 소리를 표시한 겁니다. 이 콩나물처럼 보이는 거 있지요? 이것은 음표라고 하는 거랍니다. 음을 얼마나 높고 낮게 낼 것인지, 길게 낼 것인지, 짧게 낼 것인지를 적어 놓은 것이랍니다."

아이들은 모두 무슨 말인지 알아듣지 못해서 어리둥절한 표정을 지었어.

'아하! 저 콩나물 같은 것이 바로 소리를 표시한 것이로구나!'

이상은 단박에 음표를 이해했어.

"자, 이걸 어떻게 읽는지 알려 줄게요. 이 선에 있는 음표를 보세요. 여기서부터 도, 레, 미, 파, 솔, 라, 시, 도, 이렇게 읽는 거랍니다."

선생님은 악보 읽는 법을 차근차근 말했어.

가장 열심히 배운 사람은 물론 이상이었지.

얼마 지나지 않아 이상은 악보를 완전히 읽을 수 있게 되었어.

어느 날, 음악 선생님은 아이들에게 새로운 노래를 가르쳐 주었어.

선생님은 칠판 위에 음표를 그린 뒤에 아이들을 향해 말했지.

"누가 이 노래를 불러 볼까?"

악보만으로 노래를 부르기가 어디 쉽겠어?

선생님은 그저 아이들이 악보 읽는 법을 어느 정도 익히고 있는지 알아볼 생각이었지.

그런데 이상이 손을 번쩍 들었어.

"선생님 제가 불러 볼게요."

"그래, 그럼 이상이가 한번 해 볼래."

이상은 자리에서 벌떡 일어났어.

칠판 위에 그려진 음표를 따라 그 아래 가사를 보며 노래를 부르기 시작했지.

이상은 처음 본 악보인데도 하나도 틀리지 않고 노래를 불렀어.

선생님은 깜짝 놀라서 입을 딱 벌린 채, 노래 부르는 이상을 바라보았어.

드디어 노래가 끝나자 아이들이 손뼉을 짝짝 쳤어.

선생님은 얼굴이 발갛게 달아오른 채, 함께 손뼉을 치며 말했어.

"정말 놀라운 일이야. 이상아! 정말 잘했어. 대단해."

선생님이 이상을 향해 엄지손가락을 들어 보였어.

사실 선생님이 한 번 가르쳐 준 악보 보는 법만으로 금세 노래를 부를 수는 없었지.

이상은 악보 읽는 법을 배운 뒤 몇 번이나 되풀이하면서 연습했어. 틈만 나면 머릿속에 악보를 떠올리면서 중얼중얼 반복해 음을 익혀 나간 거였어.

반에는 모두 칠십 명 정도 되는 아이들이 있었는데 악보를 보고 노래를 부를 수 있는 아이는 윤이상 혼자뿐이었지.

다른 친구들은 그저 이상을 신기한 듯 바라볼 뿐이었어.

그런 일이 있은 뒤부터 음악 선생님은 새 노래를 가르쳐 줄 때면 항상 제일 먼저 이상을 바라보았어.

"이상아, 이 노래 부를 수 있겠니?"

그러면 이상은 벌떡 일어나 자신 있게 말했어.

"네, 선생님 한번 불러 볼게요."

그러고는 처음 본 노래를 악보만으로 불러 내는 게 아니겠어.

선생님은 그런 이상이 신기하기도 하도 재미있기도 했어.

"야, 이상인 천재적인 음악가 소질을 가지고 있는걸."

선생님이 그런 말을 할 때면 이상은 은근히 기분이 좋아졌어.

물론 음악 시간이 더욱더 기다려지는 것은 말할 것도 없었어.

이상은 선생님의 풍금 반주에 맞춰 노래를 부르는 것이 그 무엇보다 행복했어.

젊은 음악 선생님이 가르쳐 주는 노래는 육자배기나 판소리처럼 축축 늘어지고 가슴을 아프게 하는 노래가 아니었거든. 유럽풍의 음계로 이루어진 밝고 짧은 노래들은 무엇보다 이상을 기쁘게 했어.

더구나 악보를 볼 줄 알게 되면서 음이 정확한 서양식 음계가 무척 마음에 들었지.

"우아! 윤이상은 음악 천재래! 선생님이 그러시던걸."

"정말이야! 어떤 노래든 악보만 한 번 보면 척척 그 노래를 부른단 말이야."

이런 소문들이 학교 안에 퍼져 나갔어.

"에이, 설마. 한 번 보고 어떻게 노래를 부른단 말이야."

소문을 믿지 못하는 아이들은 윤이상이 있는 교실에 일부러 찾아오기도 했어.

그리고 윤이상이 처음 보는 노래를 척척 부르는 걸 보고는 모두 입을 딱 벌리곤 했지.

"정말 천재인가 봐!"

그해 가을, 학예회가 가까워졌을 때였어. 음악 선생님이 이상을 불렀어.

"이상아! 이번 학예회 때 네가 독창을 하는 것이 좋겠다."

"네, 선생님. 어떤 노래를 부를까요?"

선생님은 새로운 악보 하나를 이상에게 건네주었어.

이상은 며칠 동안 그 노래를 연습해서 학예회 때 불렀어.

노래가 끝나고 나자 학예회를 보러 온 학부모들이 모두 손뼉을 쳐 주었어.

"어쩜 저렇게 목소리가 고울까!"

"쟤가 바로 노래를 잘한다는 그 윤이상이라는 애예요."

학예회가 끝나고 난 뒤에는 노래 잘하는 아이라는 말이 통영에까지 온통 알려졌어.

바이올린을 배우다

"어? 형, 이 신기한 게 뭐예요?"

이상이 이웃집 형에게 놀러 가서 커다란 표주박 모양으로 생긴 물건을 보고 물었어.

이웃에는 일본 유학에서 돌아온 형이 있었는데 이상은 자주 그 형의 집에 놀러 가곤 했거든.

"어, 그거! 그건 바로 바이올린이라는 거야."

"바이올린이 뭐예요?"

이상은 눈을 반짝이며 신기한 물건을 바라보았어. 그러자 형이 빙그레 웃었어.

형은 바이올린을 집어 들더니 턱 밑에 고이고 기다란 막대기로 현을 켜기 시작했어. 그러자 무척이나 곱고 아름다운 소리가 울려 퍼졌어.

"우아, 풍금 소리보다 훨씬 더 곱다!"

이상은 그때까지 서양 악기라고는 풍금밖에 본 적이 없었어. 그래서 서양 악기에는 풍금밖에 없는 줄 알았지.

음악 소리라면 자다가도 벌떡 일어나는 이상은 곱고 아름다운 소리가 나는 바이올린을 그냥 지나칠 수 없었어.

그날 이상은 해가 뚝 떨어져 깜깜해질 때까지 형의 방에서 나갈 생각을 안 했어. 형을 계속 졸라 바이올린 소리를 들었지.

깜깜한 밤이 되어서야 집에 돌아온 이상은 밥 먹을 생각도 하지 않고 엄마를 졸라 댔어.

"엄마! 나도 바이올린 사 줘요."

"얘는 바이올린이란 물건이 도대체 뭔데 그러니?"

엄마는 밥상을 이상의 앞으로 밀어 놓으며 물었어.

"서양 악기인데 긴 활로 줄을 건드리면 정말 아름다운 소리가 나와."

"그래? 알았다. 아빠와 의논해 보마. 어서 밥부터 먹어라."

그날부터 이상은 몇 날 며칠 동안 엄마를 설득했어. 엄마는 결국 아빠와 의논해서 값싼 바이올린을 하나 사 주었어.

바이올린을 받아 든 이상은 당장 이웃집 형에게 달려갔지.

"형, 나도 바이올린이 생겼어. 이것 봐!"

형이 빙그레 웃었어.

"그래, 축하한다. 그런데 바이올린만 있으면 뭐하겠니. 내가 바이올린 켜는 법을 알려 주마."

형은 바이올린을 턱으로 고이더니 활을 앞뒤로 움직이는 방법을 알려 주었어.

이상은 눈을 또롱또롱하게 뜨고는 형이 가르쳐 주는 것을 하나도 놓치지 않으려고 애썼어.

"우아! 형, 내 바이올린에서도 소리가 나!"

형이 가르쳐 주는 대로 바이올린을 배운 이상은 신이 나서 외쳤어.

바이올린을 켜는 동안 이상은 마치 구름을 타고 둥둥 떠다니는 것처럼 행복했지.

이즈음에 이상은 다른 사람에게서 기타를 치는 법도 배웠어.

아버지는 그런 이상을 그다지 좋게 바라보지 않았지.

"풍각쟁이 노릇으로 먹고살 수는 없다. 너는 우리 집안의 장남이고 대들보다. 그런데 만날 뚱땅거리고 돌아다니니…… 쯧쯧."

아버지는 이상이 영 맘에 들지 않는 모양이었어.

"이상아, 넌 상업학교에 들어가야 한다. 앞으로는 장사를 해야 집안을 일으킬 수 있어."

음악에 푹 빠져 있는 이상의 귀에 아버지의 걱정이 제대로 들릴 리 없었어.

'바이올린을 켜고 기타를 치고 있을 때 난 정말 행복해. 난 음악가가 될 거야.'

이상이 바이올린 연습을 하느라 몇 시간을 보내자 아버지는 기어이

화를 버럭 냈어.

"그 끽끽대는 깽깽이 소리 정말 듣기 싫다. 당장 그만두지 못하겠느냐?"

꾸중을 들은 이상은 아버지 앞에서 바이올린 연습을 하지 않게 되었어. 대신 아버지가 집에 안 계실 동안 몰래 연습을 했지.

이상이 열세 살이 되었을 때야.

어느 날, 방 안에서 바이올린을 켜고 기타를 치고 있다가 문득 새로운 생각이 떠올랐어.

'이건 만날 남이 만들어 놓은 음악을 하고 있는 거잖아. 내가 음악을 만들면 어떨까?'

이상은 흰 종이 위에 자를 대고 줄을 그어서 오선지를 만들었어.

그리고 간단한 멜로디로 된 노래를 만들어 보았어. 그러니까 작곡을 해 본 거지.

작곡을 시작하고 나자 음악이 더욱 재미가 있었어. 처음에는 아주 쉬운 멜로디로 된 노래를 만들었다가 얼마 지나지 않아 멜로디를 받쳐 주는 반주까지 만들게 되었어.

조금 더 지나서는 꽤 복잡한 음악까지 만들었지.

며칠 동안 오선지에 머릿속에 떠오르는 음악을 그려 넣은 이상은 혼자 중얼거렸어.

"이제 됐다. 제법 멋진 노래인걸!"

오선지 위에는 경음악 악보가 그려져 있었어.

"이게 제대로 된 음악일까?"

이상은 자기가 만든 음악이 어떤지 정말 궁금했어. 곧 바이올린을 가르쳐 준 형을 찾아갔어.

"형, 이거 좀 봐줄래?"

형은 이상이 내민 종이를 받아 들고 찬찬히 들여다봤어.

"이거 꽤 괜찮은 음악인걸! 누가 작곡한 거냐?"

형은 이상이 그 곡을 작곡했다고는 생각하지 않는 모양이었어. 아마도 다른 음악가가 작곡한 노래를 이상이 오선지에 옮겨 온 거라고 생각했겠지.

"형, 그거 내가 작곡한 건데."

이상이 대답하자 형은 한동안 이상의 얼굴을 빤히 바라보았어.

"정말 네가 만든 거야?"

"맞아요. 형. 내가 쓴 곡이야."

"그래, 내가 보여 줄 사람이 있으니까 두고 가라!"

"그래요. 형."

이상은 아무런 생각 없이 악보를 형에게 주고 돌아왔어.

그러고 난 며칠 뒤였어. 이상은 통영에 새로운 영화가 들어와 보러 갔어.

당시에는 영화 중간중간에 쉬는 시간이 있었어. 쉬는 시간 동안에 몇몇 연주자들은 관객이 지루하지 않게 음악을 연주해 주곤 했어.

막간 음악을 듣고 있던 이상은 깜짝 놀라 중얼거렸어.

"어, 이건 내가 작곡한 곡인데……."

음악이 조금 편곡되긴 했지만 분명 이상이 며칠 전에 형에게 준 곡이었어.

이상은 영화가 끝나자마자 형에게 달려갔어.

"형, 극장에서 내가 쓴 곡을 연주했어."

형이 빙그레 웃었어.

"극장 연주자 친구에게 네가 쓴 곡을 보여 줬더니 좋다고 하더라. 그러더니 지휘자에게 보여 주겠다고 했지만 연주까지 하게 될 줄은 몰랐다."

그 말을 듣는 순간 이상은 마치 하늘로 날아오르는 기분이었어.

"야, 축하한다. 윤이상. 넌 이제 작곡가가 된 거야. 꼬마 작곡가!"

그날부터 이상은 매일 극장에 찾아갔어. 그리고 극장에서 연주되는 자기 곡을 들었지.

하지만 아버지가 알면 혼이 날 것 같아서 아무에게도 말하지 않았지.

어릴 때부터 음악만 하겠다고 마음을 먹은 윤이상은 결국 우리나라에서 제법 알려진 작곡가가 되었어. 하지만 음악을 공부하려는 열정은 조금도 줄지 않았어.

> "반드시 서양음악의 본고장인 유럽에 가서 음악을 제대로 배우고 싶어."

오랫동안 이상은 유럽에 가서 공부하고 싶어 했어.

하지만 당시 유럽으로 유학을 가는 일은 쉽지 않았지. 그동안 일본에서 음악을 공부하고 돌아온 이상은 학교에서 아이들에게 음악을 가르치는 선생님이 되었고, 결혼을 하고 아이까지 낳았지. 그러저러 시간만 자꾸 흘러가고 있었어.

이상이 서른아홉 살이 되던 해였어. 학생을 가르치면서 작곡에 열심이었던 이상은 그해 〈현악 4중주 1번〉과 〈피아노 3중주〉를 발표했어. 그 곡으로 그해 작곡가로는 유일하게 서울시문화상 수상자로 선정이 되었지.

서울시문화상은 당시 우리나라 최고의 문화상이었고 상금도 제법 많았어.

"이 상금에 조금만 더 보태면 유럽에 유학을 갈 수 있을 것 같소. 당신은 어떻게 생각하시오?"

상을 받고 집으로 돌아온 이상은 아내인 이수자에게 물었어.

아내는 고개를 끄덕이며 말했어.

"여보, 아무 걱정 말고 다녀오세요. 가서 당신이 가진 큰 뜻을 꼭 이루세요."

그렇게 이상은 그다음 해, 마흔 살이라는 결코 적지 않은 나이에 음악에 대한 열정 하나만 품고 머나먼 나라로 유학을 떠났어. 그리고 세계 최고의 작곡가가 된 거지.

이렇게 윤이상처럼 음악은 끝없이 좋아하고 평생을 공부하는 거야.

윤이상

1917년 9월 17일~1995년 11월 3일

1917 경남 산청에서 윤기현과 김순달의 큰아들로 태어났다.

1947 통영현악사중주단을 만들어서 첼리스트로 활동했다.

1955 〈현악 4중주 1번〉과 〈피아노 3중주〉로 서울시문화상을 받았다.

1956 프랑스로 유학을 떠나 파리국립고등음악원에서 작곡과 음악 이론을 배웠다.

1959 서베를린음악대학을 졸업하고 〈피아노를 위한 다섯 개의 소품〉 등으로 유럽 현대음악계의 주목을 받았다.

1967 동베를린 간첩단 사건으로 중앙정보부에 납치됐다.

1972 서베를린음악대학 명예교수가 되었고 그해 뮌헨올림픽 문화행사로 윤이상이 작곡한 오페라 〈심청〉이 초연되었다.

1977 한국민주민족통일해외연합 유럽본부 의장으로 추대되었고 베를린예술대학 정교수가 되었다.

1988 독일연방공화국 대공로훈장을 받았다.

1992 함부르크자유예술원 공로상을 받았다.

1995 독일 바이마르에서 괴테상을 수상하고 몇 개월이 지난 뒤 베를린에서 죽었다.

윤이상 선생님!
전 음악에 재능이 없는 것 같아요. 노래도 잘 못 불러서
친구들이 음치라고 놀리고요. 춤도 잘 못 춰요.
하지만 음악 공부는 잘하고 싶은데 좋은 방법이 없을까요?

음악 공부를 하는 데 재능이 필요한 것은 아니야. 그러니까 재능이 없다고 해서 음악 공부를 못할 거라는 오해는 하지 마.

유명한 음악가들 중에 몇몇은 어릴 때부터 천재적인 재능을 가지고 있긴 했지. 볼프강 아마데우스 모차르트는 아주 어린 나이에 이미 피아노를 잘 쳤고 교향곡을 작곡했다고 하지.

하지만 대부분의 유명 음악가들이 어릴 때부터 음악에 천재적인 소질을 보였던 것은 아니야. 사실 나도 천재적인 소질이 있었다고 하기는 어렵지? 그냥 노래를 좀 잘 불렀던 것뿐이거든.

그리고 중요한 것 한 가지!

음악 공부를 하는 데는 천재적인 재능보다는 사실 음악을 사랑하는 마음이 더욱 중요해. 사랑하면 어떻게 되지? 늘 음악만 생각할 것 아니야. 언제나 노래를 부를 것이고 음악을 들을 것이고 음악 생각을 하겠지. 그러면 자연스럽게 음악을 잘하게 되는 거야.

모차르트와 같은 시대에 살리에리라는 궁중 음악가가 있었어. 이 음악가는 사실 모차르트의 천재성에 가려져서 잘 알려지지 않았어. 영화에서도 모차르트를 질투하는 사람으로 그려져 있지.

하지만 모차르트 이전에 살리에리는 이미 궁중 음악가라는 높은 지위에 올랐던 사람이야. 이 사람은 불우한 환경에서 태어나 끝없는 노력으로 많은 사람들의 사랑을 받았지. 모차르트의 재능을 알아보고 키워 냈던 사람이기도 해.

살리에리 역시 뛰어난 음악가였어. 이 경우를 보더라도 재능이 음악을 공부하는 데 반드시 필요한 것은 아니야.

그러니까 음악을 좋아하면 음악을 잘할 수 있게 되는 거야.

윤이상 식의 '음악' 공부법

음악을 즐기자!

음악을 들으면 기분이 좋아지고 행복한 느낌이 들어야 해. 그게 바로 음악을 즐기는 것이거든. 그러니까 음악은 사실 공부하는 것이 아니라 즐기는 거야.

솔직히 말하자면 음악 공부, 굳이 하지 말라고 얘기하고 싶어. 음악을 공부하지 말고 음악을 듣고 즐기고 행복한 마음이 되기를 바라. 그게 올바르게 음악을 소비하는 방법이야. 하지만 어쩔 수 없지. 학교에서는 음악으로 시험을 치르고, 시험을 치르려면 공부를 해야 하니까!

그렇다면 음악을 즐기면서 공부를 하는 것은 어떨까? 음악을 들으면서 행복한 마음으로 공부를 하는 거야. 그 음악이 어떻게 마음에 다가오고 기쁘게 만드는가 알아보는 거지. 그러다 보면 자연스럽게 음악 공부가 될 거야.

음악을 즐기고 좋아하게 된다면 그 곡을 구성하고 있는 요소들이 어떤지 알고 싶어질 테고, 그러면 저절로 음악 공부가 될 거야. 음악은 그렇게 공부를 하는 거야. 음악이 싫어지면 절대로 공부를 제대로 할 수 없어.

자! 그러니까 음악 공부는 즐기면서 하자!

끊임없이 연습하자!

음악이 즐거워? 그렇다면 어쩌면 음악에 대한 재능이 있는지도 몰라! 이때는 악기를 배워 봐. 악기를 배워서 연주하게 되는 과정도 음악을 공부하는 것이니까.

음악에 쓰이는 여러 가지 기호들, 음표들, 반음과 화음 등은 악기 연주를 하게 되면 반드시 익혀야 하는 것이고, 악기를 연주하면서 자연스럽게 기억할 수 있는 것이지.

여러 악기들 중에서 마음에 끌리는 한 악기를 골라잡아. 바이올린이든, 오보에든, 아니면 기타든. 악기를 골랐다면 아주 능수능란하게 연주를 할 수 있도록 연습하는 거야.

세계 최고의 연주자가 되면 더욱 좋겠지만 굳이 그러지 않아도 돼. 기타를 배운다면 여러 가지 유행가들을 악보를 보지 않고도 칠 수 있게 될 정도로 배워 봐. 그러면 자연스럽게 음을 익히고, 박자에 맞춰 노래까지 부를 수 있게 되는 거지.

자, 좀 더 나아가서 뛰어난 연주자가 되고 싶어? 뛰어난 연주자가 되는 것은 매우 힘든 일이니까 각오를 단단히 해야 할 거야.

세계적인 음악 연주자들은 사실 부단한 노력 끝에 태어났어. 아주 어릴 때부터, 아침부터 밤까지, 밥 먹는 시간과 잠자는 시간을 줄여 가며 하루 종일 연습을 해야 뛰어난 연주자가 될까 말까 해. 처음부터 목표를 너무 크게 잡으면 지칠 수 있으니까 우선은 악기와 친해지겠다고 마음먹는 거야. 알겠지?

한 가지 악기를 정해 끊임없이 연습해 봐! 음악 공부도 잘할 수 있고, 연주 실력도 늘 거야!

많이 듣자!

음악은 귀로 듣는 거야. 눈을 감고 가만히 들어 봐. 아름다운 선율, 마음을 편안하게 하고 마치 공중에 둥둥 뜨는 것 같은 상쾌한 느낌이 들지 않아?

이렇게 아름다운 음악을 많이 듣는 것이 음악 공부를 잘하는 비법이야.

음악을 들으면 마음이 부드러워지고 좋은 생각을 하게 돼. 또 음악을 들을 때 쿵쿵 울리는 소리가 가슴을 두근두근 뛰게 만들잖아. 가슴이 뛰면서 몸도 건강해지고 좋은 생각을 하게 하지.

음악을 많이 듣게 되면 저절로 음악 공부를 하게 돼.

높낮이가 다른 소리를 듣고 나중에는 저절로 그 음을 깨닫게 되지. 음은 어떻게 서로 조화를 이루는지 생각하게 되고, 화음을 저절로 알게 만들어.

자, 이제 음악 공부를 잘하는 비법을 알았지? 음악 공부를 잘하게 되려면 음악을 많이 들으면서 즐겨야 하는 거야. 그러다 보면 직접 음악을 연주해 보고 싶은 생각도 생기지. 그땐 주저하지 말고 마음에 드는 악기를 선택해 연주법을 배우는 거야. 그리고 연습하는 거지. 듣고 연주하며 즐기다 보면 어렵던 음악과 친해지게 될걸!

체육을 잘하고 싶다면 펠레처럼!

"베토벤이 음악을 위해 태어난 것처럼 나는 축구를 위해 태어났다."

체육 시간 어때? 무척 재미있지?

운동장으로 우르르 몰려 나가 뻥뻥 공을 차고 마구 달리고 해서 신이 나지?

그런데 체육 점수는 어때? 공은 맘먹은 대로 뻥뻥 잘 날아가고 있어?

체육 점수가 나쁘다고? 공도 제멋대로 날아다닌다고?

에이, 그러면 체육을 잘하지 못하는 편이네. 그렇지?

체육 시간이 재미있지만 체육 점수는 나쁜 편이라면 어떡해야 체육을 잘할 수 있을까 고민이 많을 거야.

자, 그렇다면 축구 황제 펠레에게 체육을 배워 보면 어떨까?

펠레가 누군지는 잘 알 거야.

세계 최고의 축구 영웅이고 체육의 천재지.

펠레는 축구 선수로 활동하면서 총 1,363경기에서 모두 1,281골을 넣었어. 국제 대회 일곱 번의 해트트릭을 비롯해 모두 아흔두 번의 해트트릭을 기록했지.

축구 선수직에서 은퇴한 뒤에는 불우한 청소년들에게 축구 지원을 했고 전 세계 어린이 축구 교실을 운영하면서 축구 꿈나무 발굴을 위해 노력했어.

그리고 브라질 체육부 장관이 되기도 했지.

물론 펠레에게는 타고난 운동신경이나 하늘이 준 재능이 있었기도 해. 하지만 그것만으로 세계 최고의 축구 선수, 그냥 최고도 아니야, 축구 황제라고 불릴 수 있었겠어?

그건 아니야. 펠레가 자란 환경을 보면 아니란 걸 충분히 알 수 있지.

펠레는 브라질의 너무나 가난한 집에서 태어났어. 그래서 축구화조차 살 수 없었지. 맨발로 운동장을 뛰어다니며 공을 뻥뻥 걷어찼고 어릴 때부터 돈을 벌기 위해 온갖 궂은일을 다 해야 했어.

아마도 대부분의 사람이라면 자기가 처한 환경에 절망하고 가난에 지고 말았을 거야.

하지만 펠레는 그렇지 않았어.

"마음속에 희망과 용기가 없을 때
정말 가난하고 불행한 것이다."

펠레에게는 가난하고 어려운 생활 속에서도 축구를 하겠다는 열정이 있었던 거야.

펠레처럼 타고난 재능이, 없다고 하더라도 펠레처럼 운동을 한다면 체육 공부가 훨씬 더 즐거워지지 않을까?

아빠에게 배우다

"어떻게 수비수들을 저렇게 따돌릴 수 있는 걸까?"

여덟 살 디코는 구두를 닦다가 멍하니 운동장을 바라보며 서 있었어. 구두 통 위에 발을 얹어 놓고 있는 구레나룻 아저씨도 벌떡 일어나 고함을 꽥꽥 질러 댔어.

"그래, 슛, 슛!"

공을 몰고 상대 진영으로 들어가던 선수가 골문 앞에서 뻥 공을 찼어. 아뿔싸, 공은 그만 골대를 넘어서 하늘 높이 날아오르는 게 아니야.

"어이구, 저 바보 녀석! 다리가 비틀어졌나? 꼭 마지막에 똥볼을 차요. 똥볼을!"

구레나룻 아저씨는 털썩 자리에 앉았어. 그때까지 디코는 넋을 놓은 채 우두커니 운동장을 바라보고 있었어.

'몸을 오른쪽으로 흔들었지만 오른쪽으로 피하는 건 아니야. 오른쪽으로 흔들고 난 뒤 재빨리 왼쪽으로 달리는 거지.'

공을 몰면서 수비수를 제치고 달리던 공격수의 모습이 머릿속에 그려졌어. 공격수는 어느새 자기 자신으로 바뀌어 있었지.

'경기장에서 멋진 골을 넣는 최고의 축구 선수가 되고 싶어!'

"야! 너 구두 안 닦고 뭐 해?"

구레나룻 아저씨가 고함을 꽥 질렀어. 그제야 디코는 정신을 차렸어.

디코는 학교에서 펠레라는 별명으로 불렸어. 디코는 자기가 왜 펠레라는 별명으로 불리게 되었는지 잘 알지 못했어. 하여간 펠레라는 별명을 어릴 때는 무척 싫어했지. 그런데 학교 동급생 중 하나가 펠레라고 부르는 거야.

또래 친구들은 왜 그런지 다른 친구가 싫어하는 일을 곧잘 하잖아. 디코가 싫어하니까 그 친구는 더욱 재미있어 하면서 아예 디코의 별명을 펠레라고 지어 준 거야.

"어이 펠레!"

한번은 동급생 친구가 그렇게 부르는 소리를 듣고 펠레는 화가 잔뜩 났어. 그래서 곧바로 멱살을 잡고 달려들었지. 둘은 금세 땅바닥에 뒤엉켜 엎치락뒤치락 싸움을 했어. 다른 친구들이 우르르 몰려 싸움을 말렸지.

그런 일이 있은 뒤부터 디코의 별명인 펠레는 온 학교 안에 알려지게 되었어. 심지어는 선생님까지 디코를 펠레라고 부르게 되었거든.

어른이 된 뒤에야 디코는 자신의 별명이 된 펠레를 아주 자랑스럽게 생각하게 되었어. 사실 디코보다는 펠레라는 별명이 훨씬 더 유명하니까 지금부터는 펠레라고 부르기로 할게.

하여간, 펠레는 경기가 끝난 뒤 축구장에서 집으로 돌아오는 내내, 수비수를 따돌리고 쏜살같이 공을 몰던 공격수의 모습이 머릿속에서 떠나지 않았어.

골목 어귀에 아빠가 쪼그리고 앉아 멍하니 하늘을 올려다보고 있었어. 펠레는 멀리서도 아빠를 알아보고 한달음에 달려갔어. 펠레는 아빠를 무척 좋아했거든.

"아빠!"

펠레는 쪼그려 앉은 아빠의 품으로 와락 달려들었어.

"오! 우리 디코 왔구나!"

아빠는 펠레를 껴안은 채 그만 나뒹굴고 말았어. 그래도 아빠는 허허 웃으며 좋아했어.

"아빠, 아빠! 오늘은 굉장한 일이 있었어! 공격수가 수비수 세 명을 제치고 골대를 향해 달려가는데 요리조리, 요리조리, 이렇게 말이야!"

펠레는 운동장에서 본 걸 아빠에게 들려주며 공격수 흉내를 냈어.

"몸을 그렇게 흔들었더니 수비수들이 다 속더라니까!"

"하하하! 디코야! 그건 속임동작이라는 거야. 자, 나를 막아 봐!"

아빠는 허리를 숙이고 펠레를 바라보며 오른쪽으로 몸을 흔들었어. 펠레는 당연히 아빠를 가로막으려고 그쪽으로 몸을 움직였지. 그 순간 아빠는 재빨리 몸을 반대쪽으로 돌리며 펠레를 가볍게 제쳐 버리지 않겠어.

"이렇게 하는 거야. 그러니까 이렇게 몸을 흔들면서 상대가 어느 쪽으로 갈지 모르도록 하는 거지. 그렇게 상대방을 속이고 드리블을 하면서 돌파하는 거야."

"아하! 그렇구나!"

사실 펠레의 아빠는 꽤 이름이 있는 프로 축구 선수였어. 하지만 경기를 하던 도중에 심한 부상을 입어서 축구를 그만두었어.

"디코, 넌 나중에 유명한 축구 선수가 될 거야!"

아빠가 펠레의 머리를 쓰다듬었어.

"너도 이제 제법 공을 찰 만큼 컸으니까 내일부터 우리 축구 연습을 해 볼까?"

"네, 좋아요! 아빠!"

펠레는 폴짝폴짝 뛰면서 좋아했지.

다음 날부터 펠레와 아빠는 골목길에서 축구 연습을 했어. 공이 없어서 짚을 둥글게 뭉쳐 공 대신 썼지.

"자, 그렇게 해서는 상대를 따돌릴 수 없어. 이렇게 왼쪽으로 갈 듯 몸을 흔들었다가 다시 오른쪽으로 갈 듯 몸을 뒤틀어, 그러면 수비수가 왼쪽으로 따라갔다가 반대로 움직이겠지. 그 순간 다시 왼쪽으로 빠져나가는 거야. 두 번 속이는 거지. 한 번 속이는 동작에 웬만한 수비수들은 속지 않거든."

아빠는 몸을 이리저리 흔들며 축구의 기술을 하나하나 가르쳐 주었어. 펠레는 아빠가 시키는 대로 몸을 흔들고 짚으로 뭉친 공을 차면서 신이 났어.

축구를 하기 위해 앨범을 만들다

아빠와 축구 연습을 하면서도 펠레는 틈이 나면 친구들과 어울려 놀았어. 어떻게 놀았냐고? 당연히 골목길에서 축구를 하면서 노는 거지.

"야! 이쪽으로 차, 이쪽으로!"

친구들은 흙먼지를 뽀얗게 일으키며 골목길을 여기저기 뛰어다녔어. 하지만 아무도 흙먼지가 생긴다고 다른 데 가서 놀라고 하지는 않았어. 브라질 사람들은 축구를 무척 좋아하거든.

어느 날은 골목 축구를 끝내고 그늘진 담벼락 아래 옹기종기 모여 앉아 흙먼지로 뒤범벅이 된 채 땀을 말리던 중이었어. 친구 하나가 불쑥 말을 꺼냈어.

"야! 우리, 이렇게 골목에서 공을 차지만 말고 축구 클럽을 하나 만들면 어떨까?"

아이들은 모두 눈을 둥그렇게 뜨며 어리둥절했어.

"클럽이라니! 우리가 무슨?"

"우리끼리 축구 클럽을 만드는 거야. 그래서 다른 마을 아이들과 축구 경기를 하는 거지. 만날 우리끼리 공을 차고 있으니까 좀 그렇잖아?"

펠레는 꽤 괜찮다고 생각되었어. 그래서 고개를 끄덕이며 말했어.

"하지만 클럽이라면 똑같은 축구복을 입고 축구를 해야 하잖아?"

"그렇지!"

"야, 우리가 무슨 돈이 있어서 똑같은 축구복을 사 입을 수 있어?"

아이들이 모두 고개를 내저었어. 브라질은 그때 매우 가난했어. 대부분의 아이들이 신발도 없이 맨발로 뛰어다니며 축구를 했을 정도였지.

"내게 좋은 생각이 있어."

처음 말을 꺼낸 아이가 주위를 둘러보며 목소리를 낮췄어.

"어떤 생각?"

아이들이 눈을 반짝반짝 빛내면서 머리를 맞대고 모였어.

"우리가 돈을 버는 거야. 각자 일을 해서 돈을 모아 축구복과 공과 축구화를 사는 거야."

눈을 반짝이며 모여들었던 아이들이 실망한 듯 고개를 내저었어.

"에이, 말도 안 돼. 그 많은 돈을 언제 다 모으니?"

'어떻게 하든 클럽을 만들고 최고의 축구 선수가 되겠어.'

펠레는 마음속으로 다짐을 하면서 좋은 방법이 없는지 곰곰 생각했어. 그때 머릿속에 무언가 반짝 스치고 지나갔어. 축구장에서 본 게 있었거든.

당시에도 브라질에는 곳곳에 프로 축구 클럽이 있었고 유명한 축구 선수들이 많았어. 클럽에서는 자기 클럽에 소속된 선수들의 사진이 들어가고 간단한 경력이 씌어 있는 카드를 만들어 나눠 주었어. 너무 많은 사람들이 나눠 가졌기 때문에 한 사람이 한두 장의 카드를 구하기도 힘들었지.

그래서 한 구단의 선수들이 들어 있는 카드를 모두 모아 앨범을 만들면 비싼 값에 팔렸어. 축구장 한쪽에서는 카드를 모은 앨범을 팔기도 했어.

"축구 카드 앨범을 만들어 팔면 어떨까? 유명한 클럽의 카드를 모아 앨범을 만들면 꽤 비싸게 팔 수 있잖아."

아이들의 눈이 다시 반짝 빛났어.

"야, 그거 좋은 생각이다. 그런데 카드를 어떻게 모으지?"

"일단 우리가 가지고 있는 카드를 다 모으는 거야. 그리고 거기에서 모자라는 카드는 다른 사람들에게 얻는 거지. 그렇게 하면 앨범을 만들 수 있을 거야."

"좋아. 그러면 디코는 축구 선수 카드를 모아 앨범을 만들어. 그걸 팔면 축구공을 살 수 있을 거야."

펠레는 고개를 끄덕였어. 사실 나름대로 자신이 있었거든. 축구장에서 구두닦이를 하는 펠레는 축구 선수 카드를 누구보다 많이 얻을 수 있었어.

"그럼, 축구복이랑 축구화는 어떻게 구하지?"

"축구복은 너무 비싸서 웬만큼 돈을 모으지 않으면 구하기 힘들 거야. 우선 똑같은 색깔의 티셔츠를 입자. 그건 조금만 일해서 돈을 모으면 살 수 있겠지."

"그건 그렇다 치고 축구화는?"

아이들이 고개를 절레절레 흔들었어.

"일단 티셔츠와 축구공만 있으면 제법 모양이 갖춰질 거야. 내일부터 열심히 돈을 모으자!"

"그래, 난 장작 나르는 일을 해서 돈을 벌 거야."

"난 병이나 종이, 고철 같은 걸 모아서 팔 거야."

아이들은 저마다 돈 벌 궁리를 하며 헤어졌어.

다음 날부터 아이들은 돈을 벌기 위해 온갖 허드렛일을 다 했지. 하지만 돈 벌기가 그렇게 쉽진 않잖아? 며칠 동안 일을 했지만 티셔츠 한 벌을 살 돈도 모으지 못했어.

"에휴, 이렇게 해서는 안 되겠다. 좋은 방법이 없을까?"

골목 축구가 끝난 뒤 누군가 힘없는 소리로 중얼거렸어.

그때 처음 클럽을 만들자고 했던 아이가 손짓으로 다른 아이들을 불러 보았어.

"우리 땅콩을 팔면 어떨까? 돈을 많이 벌 수 있을 거야."

"땅콩? 기차역이나 축구장같이 사람이 많이 모이는 곳에서 팔면 되겠지. 하지만 지금 우리에겐 땅콩을 살 돈이 없잖아!"

"저기 마을 입구 농장에 창고가 있잖아. 거기에 땅콩이 산더미처럼 쌓여 있더라. 그걸 조금만 몰래 빌리는 거지."

누군가 목소리를 낮춰 말했어.

"야, 그건 도둑질이잖아?"

"도둑질을 하자는 게 아니야. 몰래 조금만 빌리는 거지. 산처럼 많이 쌓여 있으니 우리가 조금 가져와도 표가 안 날 거야. 나중에 우리가 돈을 많이 벌어서 갚으면 되지."

아이들은 서로를 돌아보았어. 그것 외에는 아무리 생각해도 돈을 벌 다른 방법이 떠오르지 않았지.

"좋아! 디코는 카드로 앨범을 만들어야 하니까 땅콩을 몰래 빌려 와서 파는 건 우리가 다 알아서 할게."

다행히 펠레는 땅콩을 훔치는 일에서는 빠질 수 있었어.

얼마 지나지 않아 축구장 근처와 기차역에서는 아이들이 땅콩을 팔고 있는 모습을 볼 수 있게 되었어.

땅콩을 파는 친구들을 볼 때마다 펠레의 마음이 바빠졌어.

'이거 큰일인데 아직 카드를 다 못 구했으니 말이야. 유명 축구 선수 카드만 없잖아. 그게 없으면 안 되는데…….'

몇몇 친구들이 펠레가 찾는 카드를 가지고 있기는 했어. 하지만 유명한 선수들의 카드는 다른 친구들에게도 보물이나 마찬가지였으니 누가 주겠어?

몇몇 친구들에게 거절을 당하고 나자 펠레는 더 이상 말을 꺼낼 수도 없었어. 그때 문득 아빠가 머리에 떠올랐어.

아빠는 한때 프로 축구 선수였으니까 클럽에서 일하는 사람들과 잘 알고 지냈거든.

"아빠, 사실은 우리끼리 축구 클럽을 만들려고 하는데 아빠가 좀 도와주세요."

펠레는 아빠에게 도움을 청했어. 아빠는 흔쾌하게 고개를 끄덕였어.

맨발의 축구 클럽

"땅콩을 더 빌려서 축구화까지 사자!"

펠레가 앨범을 팔아서 축구공을 사 가지고 온 날 친구 중 하나가 말했어.

"안 돼. 땅콩을 몰래 빌려 온 걸 아는지 주인이 지키고 있더라. 이젠 더 빌릴 수 없어."

"할 수 없지 뭐."

"일단 티셔츠랑 공이 있으니까 클럽을 만들자. 클럽 이름은 뭐로 하는 게 좋을까?"

"오늘이 9월 7일이니까 '9월7일클럽' 어때?"

여러 가지 클럽 이름들이 나왔지만 클럽을 만든 날을 이름으로 정해서 정식 이름은 '9월7일클럽'이 되었어. 하지만 사람들에게는 '맨발클럽'으로 더 많이 알려졌지.

펠레가 살고 있던 바우루에서는 맨발클럽을 이길 만한 팀이 없었어. 펠레의 아버지는 아들이 뛰고 있는 축구 클럽을 늘 자랑스럽게 여겼어.

"펠레가 있는 한 맨발클럽이 다른 팀에게 지는 일은 절대 없어!"

맨발클럽이 이웃한 다른 클럽과 경기를 하는 날이면 아버지는 언제나 경기장에 나와서 지켜보곤 했어. 경기가 끝나면 펠레에게 도움말을 해 주는 것도 잊지 않았지.

"디코야! 그렇게 해서는 수비수를 따돌릴 수 없어."

집으로 터덜터덜 돌아가는 시간은 아버지가 디코에게 축구를 가르쳐 주는 시간이었어.

아버지는 공을 던지더니 골목길을 따라 요리조리 드리블을 해 보였어.

"봐! 나와 네가 다른 점이 뭐가 있어?"

"글쎄요. 잘 모르겠어요."

"잘 생각해 봐!"

아버지는 다시 펠레에게 물었어. 펠레는 곰곰이 생각했지만 도무지 알 수 없었어.

"난 두 발로 공을 찬다는 것이고 넌 언제나 오른발로만 공을 차려고 한다는 것이지!"

"아하!"

"축구는 공만 뻥뻥 찬다고 해서 되는 게 아니야. 그렇게 해서는 평생 동네 축구에서 벗어나지 못해. 항상 '어떻게 하면 잘 찰까?' 생각을 해야 하는 거야."

아버지의 말을 듣고 펠레는 고개를 끄덕였어.

'그래, 운동이라고 해서 몸만 쓰는 게 아니야.
어떻게 하면 잘할 수 있는지 늘 연구하고
머리를 써야 하는 거야.'

"자, 이젠 헤딩 연습을 해 보자. 축구에서는 손만 빼고 뭐든 쓸 수 있어. 헤딩으로도 수많은 골을 넣을 수 있고, 가슴과 배로 공을 다룰 줄도 알아야 해."

아버지는 공을 휙 던져 주었어. 펠레는 머리로 공을 받아서 마음먹은 곳으로 보낼 수 있을 때까지 몇 번이나 되풀이해 연습해야 했어.

아버지는 틈나는 대로 여러 가지 축구 기술을 가르쳐 주었어. 펠레를 가르칠 때면 아버지는 정말 기뻐했지. 아버지에게 개인 코치를 받는 펠레의 축구 실력은 나날이 다르게 발전할 수밖에 없었어.

나중에 펠레가 월드컵에서 세상 사람들을 깜짝 놀라게 했던 화려한 개인기는 모두 어릴 때 아버지에게 배우고 익힌 거였지. 빠른 드리블과 수비수를 제치고 뛰어가는 과감한 돌파, 그리고 비록 키가 작았지만 튼튼한 다리 힘을 바탕으로 누구보다 높이 뛰어올라 내리꽂는 헤딩, 축구장 전체를 한눈에 바라볼 수 있는 넓은 시야는 이때 기초가 단단하게 다져져 가능한 거였어.

어느 날 옆 마을의 또래 클럽과 경기를 하고 돌아올 때였어. 경기에서 이겼는데도 아버지는 표정이 어두웠어.

"디코야, 맨발클럽이 오늘 이겼지만 너는 진 거나 마찬가지야."
"예? 그게 무슨 말이에요?"

펠레는 눈을 동그랗게 뜨고 아버지를 올려다보았어. 오늘 펠레는 무려 두 골이나 넣었기 때문이야. 그 때문에 당연히 칭찬을 받을 거라 여겼거든.

"축구는 몇 명이 하는 경기지?"
"그야, 당연히 열한 명이 하는 경기잖아요."
"그런데 오늘 맨발클럽은 오직 한 사람만 경기를 하고 있더구나!"

아버지 말을 듣는 순간 펠레는 번뜩 떠오르는 게 있었어. 늘 축구에 대해서 생각하고 연구하는 자세가 이미 몸에 배었거든. 펠레는 할 말이 없었어.

"그걸 잘 알고 있으면서 오늘은 왜 혼자서 경기를 했지?"

"그건 애들이 잘 못해서!"

"기술이 조금 뛰어나다고 해서 혼자 경기를 해서는 절대로 이길 수 없다. 축구는 열한 명의 선수들 모두가 한마음 한뜻으로 뭉쳐서 하는 경기야. 그런데 넌 오늘 다른 친구에게 찬스가 왔는데도 패스를 하지 않고 혼자서 공을 차더구나. 그렇게 해서 놓친 골이 몇 번이나 있었어. 패스만 했으면 더 큰 점수 차이로 이길 수 있었지."

펠레는 고개를 끄덕였어. 오늘 치른 경기가 머릿속에 스쳐 지나갔거든. 영화처럼 스쳐 가는 경기 속에서 펠레는 패스를 하지 않고 혼자서 공을 독차지한 순간을 찾을 수 있었어. 얼굴이 화끈 달아올랐어.

"축구에서는 팀워크가 가장 중요하다. 다른 선수에게 득점 기회가 왔을 때는 패스를 해 주고, 네가 더 많이 움직여서 다른 선수들이 득점할 수 있는 기회를 만들어 주는 것이 정말 훌륭한 선수인 거야."

펠레는 고개를 끄덕였어.

'함께하는 운동은 혼자 잘하는 게 아니라 모두 함께 잘해야 하는 거로구나!'

이때의 배움은 펠레에게 큰 깨달음을 주었어. 나중에 세계에서 가장 많은 골을 넣은 선수가 되었을 때에도 펠레는 다른 선수가 득점 기회를 만들 수 있도록 운동장에서 가장 많이 뛰고 찬스를 만들어 주는 선수가 되었지.

펠레는 골만 넣는 스트라이커라기보다는 전체 선수들의 움직임을 조율하고 경기 전반을 지휘하는 플레이 메이커였어. 그런데도 누구보다 많은 골을 넣었으니 펠레가 얼마나 뛰어난 선수였는지 알겠지.

가난한 브라질의 시골 소년이 세계 최고의 축구 황제가 되기까지는 끊임없는 노력이 있었기 때문이지.

자, 이제 체육 공부 어떻게 하는지 알겠지?

단순히 몸으로 움직이기만 해서는 체육을 잘할 수 없어. 몸과 함께 좋아하는 종목을 끊임없이 연구하면서 동료들과 협동해야 하는 거야.

펠레
(본명:에지송 아란치스 두 나시멘투)

Pele(Edison Arantes do Nascimento)
1940년 10월 23일~

1940 브라질의 트레스 코라송이스라는 가난한 마을에서 축구 선수였던
돈디뇨의 아들로 태어났다.

1948 아버지 직장 때문에 이사한 바우루에서 맨발클럽이라는 축구 클럽을 만들었다.

1956 만 15세의 나이로 지역 프로 축구팀 산토스에 입단, 첫 경기를 치렀다.

1957 만 16세의 나이로 브라질 국가대표팀에 선발되었다.

1958 만 17세의 나이로 브라질 월드컵 대표팀으로 선발, 최연소 득점, 해트트릭,
결승전 출전의 성과를 거두고 우승했다. 월드컵 실버볼상을 받았다.

1962 월드컵에 출전해 두 번째로 우승했다. 세계 프로팀에서 펠레를 영입하려 하자
브라질에서 펠레를 국보로 지정했다.

1970 월드컵에 네 번째 출전해서 브라질이 우승하는 데 공헌했다.
이 우승으로 브라질은 줄리메컵을 영원히 소유하게 되고 펠레는 골든볼을
수상하며 축구 황제로 불리기 시작했다.

1977 은퇴할 때까지 이렇게 넣은 골이 통산 1,363경기에 1,281골,
여기서 공식 경기만 763경기 710골, 국가대표팀 경기는 92경기 77골,
통합하면 855경기 787골을 넣어 전무후무한 기록을 만들었다.

1978 축구 선수로서 기여한 공을 인정받아 국제평화상을 수상했다.

1999 세계올림픽위원회가 뽑은 20세기 최고의 운동선수에 선정되었다.

펠레 아저씨!
저도 아저씨처럼 체육을 잘하고 싶은데
키도 작고 덩치도 무척 작아서 어려워요.
저같이 작은 아이도 운동을 잘할 수 있나요?

물론이지!

운동은 신체 조건이 뛰어나다고 해서 잘하는 것은 아니야. 키가 작고 달리기가 느리다고 해서 운동을 못하는 것은 아니지. 그러니까 기죽을 필요 없어.

이 아저씨도 사실 세계 최고의 축구 선수라고 불렸고 축구 황제라는 별명을 가지고 있지만 축구 선수로는 작은 키에 신체 조건이 그렇게 뛰어난 편은 아니었단다. 그러나 키가 작다고 해서 헤딩을 못하는 것은 아니지. 아저씨는 평생 동안 헤딩으로 수많은 골을 넣었거든.

축구 황제로 알려진 것은 브라질이 처음으로 우승하던 때 결승전에서 헤딩으로 골을 넣으면서야.

그건 옛날이기 때문에 그런 것 아니냐고? 글쎄 그럴까?

잘 생각해 봐. 한국이 자랑하는 축구 선수 중에 박지성 선수가 있지? 박지성 선수는 키도 그다지 크지 않은데다 평발이라 오래 달리기가 무척 어려워. 하지만 축구를 좋아하는 마음, 부단한 연구와 노력 끝에 세계적인 축구 선수가 되었어.

그뿐만이 아니야! 스페인 프로 축구팀에서 뛰고 있는 리오넬 메시라는 선수를 알고 있지? 지금 유명한 축구 선수인 호날두와 함께 세계 최고로 알려진 선수잖아. 메시 역시 축구 선수로는 작은 키야. 그런데도 세계 최고의 선수가 되었으니!

결국 운동은 얼마나 좋아하고 노력하느냐에 따라서 잘할 수 있는 거야. 키가 작다고 해서, 평발이라고 해서, 그리고 신체 조건이 운동에 덜 맞는다고 해서 실망할 필요는 절대 없어.

체육을 좋아하고 무엇보다 운동을 즐기면서 열심히 노력한다면 체육 공부를 무척 잘하게 되는 거야.

펠레 식의 '체육' 공부법

즐겁게 운동하라!

체육을 잘하려면 우선 운동이 즐거워야 돼. 운동장에 나가기도 싫고 운동을 해서 땀을 흘리는 것이 싫다면 체육을 잘할 수는 없어. 어찌되었든 체육은 직접 몸을 움직이는 과목이니까 말이야.

땀을 흘리는 것이 싫다고? 운동을 하는 것이 힘들어서 싫다고?

그렇다면 마음을 바꾸어 봐! 운동을 하고 나서 땀을 쫙 흘린 뒤에 따뜻한 물로 몸을 씻고 나면 기분이 얼마나 상쾌해지는데. 그 상쾌함을 생각하면서 운동에 집중해 봐. 그러면 운동이 즐거워질 거야.

옛날에는 이런 표어가 있었어. '체력은 국력이다!' 이 말이 맞아. 운동을 통해 몸이 튼튼해지면 모든 일을 적극적으로 할 수 있어. 공부든 심부름이든 말이야. 몸이 약하면 공부도 제대로 할 수 없고 집안일을 돕는 것은 더욱 힘들지.

몸을 튼튼하게 하는 방법으로는 운동이 최고야. 매일 꼬박꼬박 운동을 하면 몸의 근육이 길러지고 모든 병에 잘 걸리지 않는 튼튼한 신체가 되지.

그러니까 다른 공부를 하기 전에 우선 몸을 튼튼하게 만드는 게 중요해. 그러면 자연히 체육은 잘하게 될 거고 다른 공부도 훨씬 더 잘하게 될 거야.

연구하고 익혀라!

자, 몸을 움직여 운동을 열심히 했어. 그런데도 운동에서 늘 뒤떨어진다고? 그건 단지 몸만 움직여서 그런 거야.

어떤 운동이든 머리도 함께 써야 하는 거지. 운동은 사실 과학이기도 하거든.

예를 들어 축구에서도 그냥 공을 뻥 찬다고 해서 골이 들어가는 것은 아니잖아. 세계적인 축구 선수 호날두도 다른 선수들처럼 뻥 공을 찼는데, 다른 선수가 찬 골은 골키퍼가 다 잡아 내지만 호날두가 찬 공만 골키퍼가 잡지를 못하는 걸까? 왜 그럴까? 생각해 봤어?

그건 호날두가 무회전킥을 찼기 때문이야. 무회전킥이 뭐냐고? 그게 바로 과학이야.

호날두는 아마 공을 차는 방법을 많이 연구했을 거야. 공에 회전을 주고 찼을 때와 회전을 주지 않았을 때 어떻게 달라지는지 말이야. 공에 회전을 주면 공기의 저항에 따라서 공이 휘면서 날아가지. 골키퍼는 공이 일정하게 휘기 때문에 방향을 쉽게 알 수 있고 보이는 대로 따라가서 공을 잡을 수 있어.

하지만 회전을 주지 않고 차면 공의 앞면이 공기의 저항을 받게 되지. 공이 날아가는 방향의 반대쪽 측면에 공기 소용돌이가 생기면서 소용돌이가 방향을 무작위로 바꾸고, 그러면 공은 어느 순간 전혀 예측할 수 없는 곳으로 날아가는 거야.

자, 여기에서 공기의 저항이라는 과학적인 지식이 필요한 거야. 뿐만 아니라 요즘에는 스포츠과학이라고 해서 운동을 할 때 몸의 상태와 근육의 움직임 등을 세세하게 연구하고 있기도 해.

다른 공부도 열심히!

운동선수에게 다른 공부가 무슨 필요가 있냐고? 이제부터 잘 들어 봐.

앞에서도 말했지만 모든 운동 종목은 운동 능력만으로 최고가 될 수는 없어. 그 종목을 잘하기 위해서는 과학적인 지식도 필요하고 슬럼프를 이겨 내기 위해서는 자기 자신을 다독이기 위해서 예술 과목에 대한 지식도 필요해.

그리고 훌륭한 운동선수가 되었을 때를 대비해서 국어와 영어 공부도 필요해. 최고의 운동선수가 되면 기자들이 우르르 몰려와 인터뷰를 할 텐데 말을 잘 못하고 풍부한 어휘를 사용할 수 없다면 어때? 좀 모양이 빠지지?

영어도 마찬가지야. 해외의 유명한 프로 축구팀에서 뛰게 되었다고 상상해 봐. 하지만 영어를 하나도 알아듣지 못하면 운동장에서 코치의 말이나 감독의 말을 잘 이해하지 못하겠지. 감독의 전술을 알아들을 수 없으면 결국은 축구를 아무리 잘해도 경기에서 뛸 수 없게 될지 몰라.

자, 그러니까 운동에 뛰어난 재능이 있다면, 더불어 다른 과목 공부도 열심히 하자!

예술을 잘하고 싶다면 백남준처럼!

"예술에 대한 욕망은 서서히 다가오거나 서서히 사라지는 것이 아니다. 나는 아마도 죽을 때까지 이 욕망과 씨름하다 갈 것이다."

예술, 참 어려운 과목이긴 해. 예술 과목 속에는 음악, 미술, 문학 등이 있는데 음악과 미술만 놓고 보더라도 음악가나 미술가가 되려면 어떻게 공부해야 하는지 쉽게 생각나지 않을지도 몰라. 좋은 스승에게 배우면 뛰어난 예술가가 될 수 있을까? 참 어려운 문제야.

그런데 말이야, 세상에 한 분야의 예술가가 되기도 어려운데 두 분야를 한데 합친 영역에서 세계적으로 유명한 예술가가 된 사람이 있어. 바로 우리나라가 낳은 세계 최고의 예술가 백남준이야. 백남준은 미술과 음악을 합쳐 비디오아트라는 새로운 예술 분야를

만들었어.

백남준이 스승이라고 부른 음악가 케이지의 말을 들어 보면 예술을 공부하는 것이 또한 그렇게 어렵지만은 않은 모양이야.

> 좋은 예술가는 스승이 따로 존재하지 않는다.
> 예술가에게는 언젠가는 계발될 잠재력이라는 게 있는데
> 문제는 그것을 일찍 또는 늦게 발견하게 된다는 점이다.
> 내가 백남준에게 한 일이라고는 그의 생각을
> 조금 일찍 실천하게 만든 것이 고작이다.

케이지는 이렇게 말했어. 백남준이 스승으로 여기는 케이지는 백남준에게 가르쳐 준 것이 하나도 없다고 말한거지. 결국 백남준이 이미 익혀 두었던 예술적 감각과 타고난 재능을 조금 일찍 깨우쳐 준 것뿐이라는 거야.

사람은 누구나 다 예술에 대한 타고난 재능을 가지고 있어. 음악을 들으면 기분이 좋지? 미술 작품을 보면 뭔가 가슴속에 느낌이 오지? 사람이 타고난 예술적 능력 때문에 그렇게 느끼는 거야.

자, 그런데 예술 과목을 공부하는 것이 어렵다고?

그럼 세계적인 예술가 백남준 선생님처럼 공부해 보는 것은 어때?

바지를 자르면 어떻게 될까?

백남준이 유치원에 다닐 나이였을 때야.

백남준에게는 누나가 둘 있었는데 열다섯 살이 많은 큰누나는 '어우, 크다'라고 생각되었는지 '어우 누나'라고 불렀고 열 살이 많은 작은누나는 '에게, 작다'라고 해서 '에게 누나'라고 불렀어.

막내인 백남준을 두 누나는 무척 예뻐했지. 어우 누나는 며칠 밤을 새워서 털실로 뜨개질을 했어. 막냇동생 남준에게 입힐 바지를 만든 거야. 누나의 사랑이 듬뿍 든 바지니까 정말 따뜻하지 않겠니?

"남준아! 바깥이 추우니까 이거 입고 놀러 나가라!"

어우 누나는 뛰어나가려는 어린 남준이를 불러 털실 바지를 입혔어. 그러고 나서 어우 누나는 흐뭇했지. 사랑하는 막냇동생이 자기가 떠 준 털실 바지를 입고 놀 생각을 하니까 말이야.

그런데 저녁에 집으로 돌아온 남준은 모양이 영 이상했지.

어우 누나는 깜짝 놀라 마루로 달려 나갔어. 마당으로 들어서는 남준이의 바지가 가랑이 부분 아래쪽이 아무것도 없는 거야. 털실 긴 바지가 털실 반바지가 되어 있으니까 놀랄 수밖에 없었지.

"얘, 남준아! 바지가 왜 그 모양이야? 누가 그런 짓을 했어?"

어우 누나는 눈을 동그랗게 뜨고 물었어.

남준이는 바지를 쓱 내려다보고는 아무렇지도 않다는 듯이 말했어.

"내가 가위로 실 끝을 잘랐어."

"엉! 실 끝을?"

털실로 짠 바지는 한 줄기 긴 실로 전체를 만든 거야. 그리고 마지막 실 끝은 풀리지 않도록 묶어 놓지. 풀리지 말라고 묶어 놓은 실 끝을 가위로 잘랐으니 뜨개질한 부분이 올올이 풀리는 게 당연하지. 그래서 긴 바지가 반바지가 된 거였어.

"아니, 그걸 왜 잘랐니?"

어우 누나는 속이 상해서 고함을 꽥 질렀어. 사랑하는 동생이 따뜻하게 입으라고 몇 날 밤을 새워서 뜨개질한 옷을 그 모양으로 만들어 놓았으니 화가 날 만도 했지.

남준이는 어우 누나의 눈치를 슬금슬금 보면서 대답했어.

"그냥, 실 끝을 잘라 버리면 어떻게 되는지 궁금했어."

"뭐라고? 호호호홋!"

어우 누나는 그만 웃음을 터뜨리고 말았어.

어우 누나는 막냇동생 남준이가 얼마나 호기심이 많은지 이미 알고 있었거든.

겨우 웃음을 그친 어우 누나가 물었지.

"그래, 실 끝을 가위로 자르니까 어떻게 되든?"

"긴 바지가 반바지가 되었어. 이러다가 바지가 통째로 없어질지도 몰라!"

"호호호. 내가 못살아!"

어우 누나는 속상한 마음이 싹 풀어져 버렸어.

백남준은 어릴 때부터 이렇게 엉뚱한 아이였어. 그렇다고 해서 못 말릴 개구쟁이는 아니었던 모양이야. 말이 없고 호기심이 많은 아이일 뿐이었지.

친구들과 어울려 놀기도 했지만 방 안에 틀어박혀 책을 읽는 시간이 무척 많았어.

"남준이는 또 뭘 하고 있니?"

"또 제 방에서 책이나 읽고 있겠지."

어우 누나가 대답했어.

"애 좀 찾아봐라. 원, 사내애가 밖에서 좀 뛰어놀고 해야지."

남준이 눈에 보이지 않으면 엄마는 곧잘 어우 누나에게 물었어.

어우 누나나 에게 누나는 곧장 남준의 방으로 찾아갔지.

남준이가 그림책을 보고 있거나 혼자 멍하니 천장을 쳐다보며 상상에 잠겨 있기 일쑤였거든.

어머니는 그런 남준이 걱정스러웠어. 다른 아이들처럼 밖에서 노는 게 아니라 방에 틀어박혀 책만 읽어 대니, 도대체 막내는 커서 뭐가 되려나 싶었지.

걱정이 된 엄마는 당시 유명한 점쟁이 집을 찾아가 남준이의 미래에 대해 물어본 적도 있었어.

"어휴, 우리 남준이가 커서 동서남북을 떠돈다니, 어째야 쓰나?"

엄마는 걱정이 태산 같았지.

"에이 설마! 그깟 점쟁이 말을 어떻게 믿어?"

어우 누나는 엄마를 안심시켜 줬어. 하지만 엄마는 한숨만 푹 내쉬면서 중얼거렸어.

"잘되면 아주 크게 되지만, 늦되면 장가도 못 들고 아주 늦게야 색시를 얻는대. 그렇게 헤매다가 따끈한 밥도 못 먹고 어느 집 처마 밑에서 죽는 건 아닌지……."

"그럼, 아예 색싯감으로 지금부터 또래 여자아이를 친구로 만들어 놓으면 어때요?"

어우 누나의 말에 엄마는 눈이 번쩍 떠졌어.

"그래, 좋은 아이가 있니?"

"남준이가 경희랑 아주 잘 노는 것 같던데."

그날 당장 엄마는 경희를 불러 남준이랑 놀게 했어.

남준이는 경희를 꽤 좋아했나 봐. 경희가 올 때쯤 자기가 좋아하는 그림책을 책장에서 쭉 뽑아서 바닥에 깔아 두었던 걸 보면 말이야.

"야, 이 책 뭐야? 재미있겠다."

경희는 바닥에 있는 책을 집어 들었어. 남준이는 빙그레 웃기만 했지. 그리고 둘은 한방에서 말없이 책만 읽기 일쑤였어.

봄이 되면 방에서 벗어나긴 했지.

"야, 방 안에만 있어서 답답하다!"

책을 읽던 경희가 남준에게 말했어.

"그래? 그럼 우리 뒷동산에 갈까?"

남준이네 집에는 아주 멋지게 꾸며 놓은 뒷동산이 있었어.

봄이면 하얀 벚꽃이 흐드러지게 피었지. 저녁 무렵 동산에 전등까지 켜면 꽃잎은 불빛을 받아 반짝반짝 빛났지. 바람이 불 때마다 하얀 꽃잎이 뿌려지는 모습은 마치 축제 날 같았어.

"저기 앉자!"

남준은 돌로 만든 의자를 가리켰어.

둘은 또다시 돌의자에 앉아 책에 빠져들었어.

남준이는 왜 그렇게 책을 좋아했을까?

호기심이 워낙 많았던 남준은 무엇이든 궁금한 것을 보면 참지 못

했어.

 털실로 짠 바지의 실 끝을 가위로 자른 것만 봐도 알 수 있지. 하지만 어른들은 이런 남준을 이해하지 못했어. 한 마디로 사고뭉치로만 보는 거야.

 남준은 궁금증을 해결하기 위해서 결국 책을 보는 수밖에 없었던 거지.

 뿐만 아니야, 그림책은 정말 남준의 마음에 쏙 들었지.

알록달록 예쁜 그림은 동화 속으로 남준을 이끌었어. 그림책을 통해서 문학과 미술에 대한 재능을 깨우친 거란다.

없는 게 없는데 무얼 새로 발명해?

남준은 수송국민학교에 들어갔어.

학교에서는 학생들이 과학 탐구심을 기르게 하기 위해 매년 발명품 경진 대회를 개최하곤 했어.

종례 시간이 되자 담임선생님이 들어왔어.

"자, 이제 곧 발명품 경진 대회가 있습니다. 발명은 어려운 것이 아닙니다. 사람들이 살기 편하게 하는 물건을 새로 만들어 내는 것이 바로 발명입니다. 다음 주까지 여러분들은 모두 하나씩 발명품을 만들어 가지고 오세요."

아이들이 웅성댔어.

"에이, 뭘 만들어 오라는 거예요?"

"난 만들 게 하나도 없어요."

"국민학생이 무슨 발명을 해요?"

선생님이 교탁을 출석부로 탁탁 내리쳤어.

"자, 자. 조용! 조용!"

교실이 조용해지자 선생님이 말을 이었어.

"자, 이건 숙제입니다. 다음 주까지 각자 한 가지씩 발명품을 만들어 오세요. 이만 종례 끝!"

사실, 조금 무리한 일이긴 했어. 아이들은 저마다 걱정이 태산처럼 커져서 가방을 싸고 집으로 돌아갔어.

남준도 무얼 발명해야 하나 생각하며 터덜터덜 집으로 걸었지.

"얘! 남준아!"

등 뒤에서 사촌인 옥희가 달려오면서 남준을 불렀어.

"남준아, 넌 무얼 발명할 거야?"

옥희 역시 그 숙제 때문에 걱정이었나 봐. 대뜸 남준에게 물었어.

남준은 말없이 고개를 흔들었지.

옥희가 한숨을 푹 내쉬었어.

"에휴, 우리나라엔 없는 게 없이 다 있잖아. 그런데 뭘 새로 발명을 하라는 거야?"

옥희는 짜증을 부리며 길바닥에 있는 돌멩이를 툭 걷어찼어.

돌멩이는 때구루루 튀어 지나가는 차바퀴에 맞았어.

"어이쿠!"

옥희는 깜짝 놀랐어. 다행히 차는 그냥 휙 지나가고 말았지.

"에휴, 깜짝이야. 혼나는 줄 알았어."

옥희가 몸을 부르르 떨면서 남준을 보았어.

남준은 벌써 멀리 가 버린 차를 손으로 가리키고 있었지.

"저 차를 봐!"

"왜? 자동차를 발명하자고?"

옥희는 눈을 동그랗게 떴어.

"에이, 우리가 차를 어떻게 만들어?"

남준이 고개를 절레절레 흔들었어.

"아니, 차를 만들자는 게 아니고. 자동차는 예전에 없었잖아!"

옥희는 고개를 끄덕이며 대답했어.

"그래, 그렇지. 예전에는 기껏 말이 끄는 마차나 소가 끄는 수레밖에 없었지."

"자동차가 없을 때는 자동차가 필요한 줄 아무도 몰랐어. 그런데 자동차가 생기니까 무척 편해졌잖아!"

"어! 그렇구나!"

옥희는 자동차를 타고 가족이 놀러 간 기억을 떠올렸어.

"그래, 멀쩡한 두 다리가 있는데 자동차가 왜 필요할까 싶었어. 그런데 자동차가 있으니까 훨씬 편리하게 멀리까지 갈 수도 있게 되었지."

남준이 빙그레 웃었어.

"그러니까 만들 게 없는 게 아니야. 아직 안 만들어 봐서 어떤 것이 필요하고 편리한지 모르는 것뿐이지."

"하긴 그러네!"

"뭐든 잘 생각해서 만들어 봐! 그게 바로 발명이지!"

남준이 말을 듣고 보니 제법 그럴듯해 보였어.

옥희는 신기한 무엇을 본 것처럼 남준이를 빤히 바라보았어.

남준은 얼굴을 붉히며 고개를 돌렸어.

남준은 생각하는 것이 남과 항상 조금씩 달랐거든. 다른 친구들이 불평을 할 때 같이 불평을 하기보다 왜 그런지를 생각하는 편이었어.

발명에 대해서도 마찬가지야. 친구들은 막연하게 무엇을 만들어야 할지 몰라 불평하고 있을 때 남준은 남들과 다른 생각을 했던 거야.

이렇게 예술 과목 공부에는 생각을 다르게 하는 창의성이 매우 중요해.

나중에 세계적인 예술가가 된 남준에게 사람들이 잘 이해할 수 없는 '전위예술'을 왜 하느냐고 물었어. 전위예술은 이전까지 보지 못한 기법으로 만들어진 새로운 예술을 말해.

이때 남준은 옥희와 겪었던 일을 떠올리며 대답을 했어.

"지금 당장은 전위예술이 이상하고 쓸모가 없어 보이지만, 언젠가는 그 가치를 알게 될 겁니다. 전위예술이 없는 것보다는 있는 것이 훨씬 낫다고 생각할지도 모르지요."

예술도 발명하듯!

땅똥땅똥 땅또로롱.

얇은 한지 문 너머에서 피아노 소리가 들려왔어.

"어! 이게 무슨 소리일까?"

방 안에서 그림책에 푹 빠져 있던 남준은 피아노 소리에 고개를 들었지.

궁금한 것을 반드시 알아내지 않고는 참을 수 없는 남준은 슬며시 일어나 문을 드르륵 열었어.

"자, 잘 따라해 봐, 도레미파솔……."

넓은 거실 구석에 커다란 피아노가 놓여 있고 그 앞에는 어우 누나가 앉아 있었지. 그리고 그 옆에는 처음 보는 선생님이 열심히 어우 누나에게 피아노를 가르치고 있었어.

'우아, 신기하다! 저 커다란 물건에서 저렇게 아름다운 소리가 나네.'

남준은 그저 신기하게 보이는 피아노와 검고 흰 건반을 두드려 아름다운 소리를 내고 있는 누나를 오랫동안 바라보았어.

얼마나 시간이 지났을까? 선생님이 일어서면서 어우 누나에게 말했어.

"오늘 가르쳐 준 걸 연습해 두어라. 알았지?"

"네! 선생님."

어우 누나는 다소곳하게 대답을 했어.

하지만 선생님이 대문 바깥을 벗어나자마자 어우 누나는 피아노 걸상에서 내려와 자기 방으로 가 버렸어.

이제는 커다란 피아노와 남준이밖에 없었지.

남준은 발뒤꿈치를 들고 살금살금 피아노 앞으로 다가갔어.

곧 피아노 걸상에 앉은 남준은 흰건반을 눌러 봤어.

땡.

검은건반도 눌러 봤지.

똥.

남준은 피아노가 그렇게 신기할 수 없었어.

'어쩜 이렇게 아름다운 소리를 낼 수 있는 물건이 다 있는 걸까?'

남준은 오랫동안 피아노 앞에서 건반을 눌러 댔어.

'내일 피아노 선생님이 오면 몰래 훔쳐 배워야겠어.'

남준은 밤에 잠이 안 올 지경이었어. 피아노라는 신기한 물건과 그 물건이 내는 맑고 아름다운 소리가 머릿속에서 떠나지 않았지.

다음 날, 다시 피아노 선생님이 찾아왔어. 어우 누나는 하기 싫은 일을 억지로 하듯 피아노를 치기 시작했어.

"연습 하나도 안 했지. 어제랑 달라진 것이 하나도 없잖아. 손을 이렇게 놓고, 도레미파솔……."

피아노가 뚱땅거리는 소리가 들리자마자 남준은 방에서 슬그머니 나왔어. 그리고 거실 한가운데 놓여 있는 커다란 소파 뒤에 숨었어.

'손을 이렇게 놓고, 도레미파솔…….'

남준은 종이에 그린 건반에 손을 올려놓고 선생님의 말에 따라 손을 놀렸어.

남준이 정신없이 종이 건반을 두드리고 있을 때였어.

"얘, 남준아! 너 여기서 뭐 하니?"

남준이 퍼뜩 정신을 차렸어.

어우 누나가 남준을 내려다보고 있었지. 피아노 선생님은 벌써 돌아간 모양이었어.

남준은 종이 건반으로 피아노 치는 연습을 하느라 어우 누나의 피아노 교습이 끝난 줄도 모르고 있었던 거야.

"아이고, 그걸 피아노라고 치고 있었던 거야? 이리 와."

어우 누나는 남준에게 피아노 앞에 앉으라고 했어. 그리고 남준이가 마음 놓고 피아노를 칠 수 있도록 해 주었지.

그날부터 남준은 어우 누나가 피아노를 배울 때 어깨너머로 피아노를 배웠어.

몇 달이 지났을까?

피아노 선생님이 돌아가고 난 뒤 남준이 혼자 남아서 피아노를 치고 있었어.

"아니, 사내애가 계집애처럼 피아노나 뚱땅거리고 있어. 당장 그만두지 못해!"

고함 소리에 남준은 벌떡 일어나 돌아보았어.

아버지가 얼굴이 벌겋게 달아오른 채 화를 내고 있었지.

"피아노가 치고 싶은 걸요."

"에이, 계집애처럼 책이나 읽고 피아노나 뚱땅거려선 못쓴다. 넌 내 뒤를 이어 회사를 운영해야 해. 그러니 책이니 피아노니 다 집어치워라!"

아버지가 말했어.

남준은 어깨가 축 늘어져서 방으로 돌아갈 수밖에 없었지.

남준이네 집은 당시에 태창방직이라는 큰 섬유 회사를 운영하고 있었어. 종로에 있는 포목점의 절반이 남준이네 가게였다고 해.

다음 날부터 남준은 아버지가 집에 없을 때에만 피아노를 배울 수 있었어.

다행히 큰 회사를 운영하는 아버지는 집에 없는 날이 훨씬 많았지.

남준은 불과 몇 달 만에 마음대로 피아노를 칠 수 있을 만큼 실력이 쑥쑥 자랐어.

어느 정도 피아노를 배우고 나자 남준이 악보를 접고 맘대로 건반을 눌러 대는 게 아니겠어?

"어어, 그렇게 마음대로 치는 게 아니야!"

피아노 선생님이 몇 번이나 지적을 했지만 남준은 들은 척 만 척했어.

'피아노를 왜 악보에 맞춰서 쳐야 하는 걸까? 다르게 칠 수는 없는

걸까?'

　남준은 선생님이 가르쳐 준 대로 피아노를 치는 게 재미없었어. 그러고는 곧 피아노에 대해 흥미를 잃어버렸지.

　어느 날은 어우 누나가 피아노 레슨이 끝난 뒤 마당에 쭈그려 앉아 있는 남준을 보았어.

　귀여운 막내 동생이 도대체 뭘 하고 있는지 궁금해진 어우 누나는 살금살금 다가갔어.

　남준은 누가 오는 줄도 모르고 손가락으로 마당에 죽죽 줄을 긋고 무언가를 그리고 있었지.

　"얘, 너 지저분한 흙바닥에서 뭘 하니?"

　남준이 고개를 들었어.

　"응, 어우 누나. 노래를 만들고 있어."

　어우 누나는 흙바닥을 바라봤어. 마치 괴상한 그림처럼만 보였어.

　"에이, 네가 무슨 작곡을 할 줄 안다고 그래."

누나는 말 같지도 않다는 듯 피식 비웃고는 방으로 쑥 들어가 버렸어.

시간이 쑥쑥 지나갔어.

남준이 경기보통중학교에 들어가서야 삶에서 큰 영향을 미치는 음악 선생님을 만나게 되었어.

바로 당시 우리나라 사람들이 최고로 꼽을 만큼 뛰어난 음악가 이건우 선생님이었어.

음악을 좋아했던 남준은 틈만 나면 이건우 선생님이 있는 음악실을 찾아갔어.

"어! 남준이 왔구나!"

음악실에는 늘 음악이 흐르고 있었고 선생님은 늘 웃는 얼굴로 남준을 반겨 주었어.

"선생님 이 음악은 누구 음악이에요?"

남준이 듣기에 그건 음악이라고 할 수 없는 거였어. 음악을 들으면 아름답고 곱다는 느낌이 들어야 할 텐데 음이 서로 어울리지 못하고 완전히 시끄러운 소리로만 들렸거든.

"음, 네가 이 음악을 이해할 수 있을지 모르겠다. 오스트리아의 작곡가인 쇤베르크가 작곡한 음악이다."

시끄러운 소리에 가까운 음악이었지만 남준에게는 정말 이상하게도 뭔가 가슴을 찌르는 듯한 느낌이 들었어.

"정말 신기하네요. 이렇게 시끄러운 소리도 음악이 될 수 있다니."

이렇게 만난 쇤베르크는 남준에게 커다란 영향을 끼쳤어.

한마디로 예술에 대한 생각을 확 깨 버린 계기라고 할 수 있지.

음악은 아름답고 듣기 좋아야 한다는 것이 보통 사람들의 생각이야. 물론 남준도 쇤베르크를 알기 전까지는 당연히 그런 줄 알았지.

그런데 마치 시끄러운 소리가, 귀를 괴롭히는 소리가 음악이라는 게 아니겠어?

'기존에 있던 음악과 완전히 다른 소리잖아. 이런 것도 예술이 되는 거였어.'

남준의 예술 세계는 이렇게 열다섯 어린 나이에 깨달음을 얻어 시작되었어.

"예술은 전에 없던 무언가를
새롭게 만들어 내는 것이다. 마치 발명품처럼.
이미 예술 작품이 있는데 새로운 예술 작품이 왜 필요할까?
자동차와 마찬가지인 거야. 이전에는 없었지만
만들어 놓으면 편리하게 이용할 수 있는 것처럼
예술 작품도 새로운 것을 만들어 놓으면 누군가는
좋아하고 무언가 느낄 수 있을 거야."

단 한 번의 깨달음으로 백남준은 세계에 이름을 떨친 예술가가 될 수 있었어.

백남준의 전시회에서는 피아노를 치지 않고 도끼로 부수었어. 피아노 건반을 두드려 소리를 내지 않아도 훌륭한 예술 작품이 된다는 걸 백남준은 어릴 때부터 생각했던 거야.

백남준

1932년 7월 20일~2006년 1월 29일

1932 서울에서 백낙승과 조종희 사이의 다섯 자녀 중 막내로 태어났다.

1956 일본의 동경대 미술사학과를 졸업하고 독일 뮌헨대학교에서 음악학과 미술사를, 프라이부르크 고등음악원에서 작곡을 배웠다.

1959 뒤셀도르프의 갤러리 22에서 〈존 케이지에게 바치는 경의〉를 공연하며 피아노를 부수었다.

1965 뉴욕의 뉴스쿨에서 〈백남준 일렉트로닉전〉을 열었고 무어만과 〈성인을 위한 첼로 소나타〉를 공연했다.

1969 뉴욕 하워드 와이즈 갤러리에서 〈창조적 매체로써의 텔레비전〉 전시회를 열고 무어만과 함께 공연했다.

1978 파리 퐁피두에서 〈TV정원〉을 전시했다. 뒤셀도르프 아카데미에서 교수가 되었다.

1984 굿모닝 미스터 오웰 인공위성 프로젝트를 제작했다.

1993 베니스 비엔날레 독일관에 출품하여 황금사자상을 받았다.

1998 교토상을 받았다.

2000 대한민국 금관문화훈장을 받았다

2006 미국 마이애미의 집에서 숨을 거두었다.

백남준 선생님!
전 예술가가 되고 싶은데 엄마 아빠는 반대해요.
어떡하면 엄마 아빠가 허락해 줄까요?

자루 속의 송곳이라는 속담이 있어. 끝이 뾰족한 송곳은 자루에 있어도 밖으로 삐져나와 숨길 수 없다고 해서 생긴 말이야.

예술에 대한 재능 역시 마찬가지야. 만일 재능이 있어서 예술가가 되려고 한다면 엄마, 아빠가 아무리 반대를 해도 말릴 수가 없는 거지.

나의 아버지 역시 내가 자신의 사업을 물려받아 사업가가 되길 원했고 예술가가 되는 걸 반대했어. 하지만 결국 비디오아트라는 새로운 예술 분야를 만들어 내고 세계적인 예술가가 될 수 있었잖아.

예술가가 되고 싶다면 일단 자신의 재능이 있는지부터 살펴봐. 아마도 잘 알 수는 없을 거야. 아직은 자신의 재능이 확실하게 구별될 나이가 아니니 말이야.

그럼, 예술가가 되겠다는 꿈을 가슴속에 소중하게 품고 있어. 물론 엄마, 아빠가 다른 공부를 열심히 하라고 시킨다고 무턱대고 듣지 않아서는 안 돼.

예술은 어떤 한 분야의 공부만으로 이루어지는 것이 아니야. 모든 과목의 공부를 종합적으로 잘할 때 더욱 뛰어난 예술가가 될 수 있거든.

뛰어난 예술가가 되기 위해서는 수학적인 상상력도 필요하고 언어로 표현하는 능력도 필요하고 다른 사람을 보다 잘 이해하기 위해서 사회를 이해하는 힘도 필요해. 어떤 과목 하나 중요하지 않은 것이 없지.

이렇게 다양한 과목의 공부를 열심히 하고 난 뒤, 스스로 판단하고 행동할 수 있을 때까지 자란 다음에도 예술가가 되고 싶다면 그때 엄마, 아빠에게 말해 봐. 엄마 아빠도 반대할 수 없을 거야.

우선은 모든 과목을 골고루 열심히 공부하는 거야. 알았지?

백남준 식의 '예술' 공부법

많이 보아라!

음악은 듣는 것이 공부이듯, 미술은 보는 것이 바로 공부야. 많은 미술 작품을 보면 저절로 미술에 대한 소양이 깊어질 것이고 공부가 되는 거야.

미술 작품이 없다고? 설마! 우리 주변을 잘 찾아보면 미술 작품을 아주 쉽게 발견할 수 있을 거야. 미술 작품을 가장 많이 볼 수 있는 곳은 바로 미술관이지. 우리가 사는 도시에는 수많은 미술관이 있어. 미술관에서는 오랜 시간 동안 가치를 인정받은 뛰어난 미술 작품을 만날 수 있어. 그러니까 친구들과 함께 미술관을 자주 찾아가면 저절로 미술 공부가 되지.

또 다른 곳에서도 미술 작품을 찾아볼 수 있어. 학교에도 친구들의 작품이 걸려 있고, 관공서에서도 마찬가지야.

대형 빌딩에서도 미술 작품을 찾아볼 수 있어. 대형 빌딩의 앞에는 커다란 조소나 조각 작품이 전시되어 있거든. 도시를 돌아다니면서 이런 작품을 찾아보는 것도 좋은 방법이야.

그리고 무엇보다 도록이나 도감을 찾아봐. 미술 작품이 책으로 만들어져 있는 것을 도록이나 도감이라고 해. 서점에 가면 수많은 미술 작품이 실린 책을 찾을 수 있어.

느끼고 생각하라!

미술 작품을 만났다면 그냥 쓱 쳐다보고 지나치지 말고 그 작품이 어떤 느낌을 주는지 생각해 봐! 작품을 보고 느끼고 생각하는 동안에 저절로 미술 공부가 되니까 말이야.

미술 작품을 봐도 아무 느낌이 없다고?

그건 생각을 하지 않기 때문이야. 화가들이 그림을 그릴 때는 무엇을, 어떻게 그려서 자신의 생각을 전달할 것인가에 대해 굉장히 많이 고민하지. 그래서 자기 생각을 아주 잘 표현한 작품을 그리게 되면 화가는 무척 행복해지거든.

그렇다면 작품을 볼 때도 그런 생각을 해 보면 어떨까? '이 화가는 이 그림을 통해서 나에게 무슨 말이 하고 싶었던 걸까?', '그 말을 어떻게 전달하고 있는 것일까?' 이런 질문을 해 보는 거야.

오래된 유명한 작품인데도 잘 모르겠다고? 그럴 때는 그 작품에 대해서 해설을 해 놓은 것을 읽어 보는 거지.

미술 작품을 전문적으로 비평하고 평가하는 사람들이 있어. 이런 사람들을 미술비평가 또는 미술평론가라고 해. 이 사람들은 미술에 대해서 오랫동안 공부를 하고 연구를 한 사람들이기 때문에 작품을 가장 잘 이해하고 있다고 생각해도 되겠지.

평론가들이 작품을 보고 남긴 평을 읽고 자신의 생각과 비교해 보는 거야. 아직 평론가들의 글이 어렵다구? 어린 친구들의 눈높이에서 명화에 대한 이야기를 쉽게 풀어 쓴 책이 많으니 한번 찾아 봐. 그러는 동안 자연스럽게 미술 공부가 될 거야.

창의성을 개발하라!

모든 예술 과목이 다 그렇듯이 기술적인 능력도 있어야 하지만 예술가의 생각을 표현하는 새로운 발상법이 필요해. 무엇보다 남들과 얼마나 다르게 작품을 만들고 표현하는가 하는 것이 바로 창의성이야.

기술적인 것은 사실 시간과 노력을 통해서 얼마든지 익힐 수가 있어. 예를 들어 그림을 그릴 때 붓을 놀리는 법이라든지, 물감을 섞어 색상을 표현하는 방법 등은 꾸준히 하다 보면 이름난 예술가들과 비슷한 수준까지는 익힐 수가 있어.

하지만 창의성은 시간과 노력만으로 되는 것이 아니야. 때때로 오랜 시간과 노력을 들여서 기술을 익히느라 창의성을 좀먹는 수도 왕왕 생겨나거든.

창의성을 계발하기 위해서는 한 분야만을 집중적으로 공부해서는 안 돼. 책도 읽고 음악도 듣고 과학도 배우고 사회도 배워야 하지. 그런 종합적인 배움 속에서 무언가 남들과 다른, 새로운 것을 만들겠다는 생각을 꾸준히 해 봐. 그러면 창의성이 계발될 거야.

아홉 살 공부 멘토

1판 1쇄 발행일 2013년 7월 18일 • **1판 3쇄 발행일** 2018년 9월 20일
글 김진섭 • **그림** 이욱재 • **펴낸곳** (주)도서출판 북멘토 • **펴낸이** 김태완
편집장 이미숙 • **편집** 오지숙 • **디자인** 권석연, 남경민, 안상준 • **마케팅** 이용구, 강동균
출판등록 제6-800호(2006. 6. 13.)
주소 03990 서울시 마포구 월드컵북로 6길 69(연남동 567-11), IK빌딩 3층
전화 02-332-4885 • **팩스** 02-332-4875

ⓒ 김진섭·이욱재, 2013

※ 잘못된 책은 바꾸어 드립니다.
※ 이 책은 저작권법에 따라 보호를 받는 저작물이므로 무단 전재와 무단 복제를 금합니다.
　　이 책의 전부 또는 일부를 쓰려면 반드시 저작권자와 출판사의 허락을 받아야 합니다.
※ 책값은 뒤표지에 있습니다.

ISBN 978-89-6319-086-0 74990